書不盡言
言不盡意
有覺聖智
完成人格

辛卯冬 二〇一一年
九四頑童
南懷瑾

中国道教发展史略

南怀瑾 著述

复旦大学出版社

出版说明

道教是以先秦道家为思想渊源,吸收、融合其他理论和修持方法,而逐渐形成的我国本土的宗教。在长期的发展过程中,曾对古代的政治、经济、哲学、文学、天文、历算、医学、地理、物理、化学,以及民俗、艺术等产生过广泛的影响,成为中国文化的主流之一。本书是著名学者南怀瑾先生撰写的一部道教史著作。全书分为八章,对道教的学术渊源,道教的建立、成长、扩张和演变,道教的流派、人物与经典,帝王与道教的关系,以及道教的研究情况等,做了简练系统的叙述。书末还附有道教资料和对《道藏》的介绍,可资参考。

本书繁体字版由台湾老古文化事业公司出版,于一九八七年在台湾问世。复旦大学出版社经南怀瑾先生和原出版单位授权,于一九九六年在中国大陆首次推出该书的简体字版。南怀瑾先生在世时,本书一直由复旦大学出版社独家出版发行。南怀瑾先生多次对复旦大学出版社的书稿进行审订、修改,并确定了最终的版本。现复旦大学出版社将此南怀瑾先生手定的经典版本再次隆重推出,作为对南怀瑾先生的纪念。

复旦大学出版社
二〇一九年十二月

目 录

出版说明 ... 1

引 言 ... 1

第一章 道教学术思想的文化渊源 ... 1
第一节 道教立教的过程 ... 2
第二节 道教学术思想的渊源 ... 3
一、黄帝先后时期学术思想的初步规模 ... 4
二、三代（尧、舜、禹）时期天人合一思想的规模 ... 6
三、夏、商、周三代文化的演变 ... 7
四、周穆王西征与神仙故事的起源 ... 9
第三节 道教起源于春秋战国时期的神仙方士 ... 10
一、秦汉时期的道家与神仙 ... 13
二、汉初内用黄老的文景之治 ... 14
三、汉武帝与神仙方士 ... 15
四、东汉重视图谶开启道教的先声 ... 17

第二章　道教的建立 　　　　　　　　　　19

第一节　汉末三国时期的道教　　　　　　20
一、诸山道士时期　　　　　　　　　　　20
二、张道陵的创教时期　　　　　　　　　20
三、魏伯阳的弘扬神仙学术　　　　　　　22
四、黄巾张角的旁门左道　　　　　　　　22
五、汉末著名的道士　　　　　　　　　　24

第二节　魏晋时期的道家　　　　　　　　26
一、许旌阳的丰功伟绩　　　　　　　　　26
二、抱朴子的富贵丹砂　　　　　　　　　28
三、魏晋玄学与道家思想　　　　　　　　32
四、道佛思想的冲突与调和　　　　　　　34

第三章　道教的成长　　　　　　　　　　37

第一节　北魏时代道教的定型与道佛之争　38
崔浩的弘扬道教与排佛　　　　　　　　　40

第二节　南朝的道教与陶弘景　　　　　　43
陶弘景调和道佛的主张　　　　　　　　　45

第四章　道教的扩张　　　　　　　　　　51

第一节　唐初开国与道教　　　　　　　　52
一、唐高祖的尊奉道教　　　　　　　　　52
二、唐太宗与道佛两教　　　　　　　　　55

| 第二节 | 新兴道教的吕纯阳 | 58 |

第五章　道教的演变　67
第一节　宋初儒道归元的华山隐士陈希夷　68
第二节　宋代的皇帝与道教　74
一、宋真宗神道设教的动机　75
二、道君皇帝宋徽宗　79
第三节　正统道教南宗的崛起　87
一、张紫阳的丹道　87
二、白玉蟾与朱熹　91

第六章　宋元时期新兴的道教　93
第一节　北宋道教全真道的建立　94
一、创始全真道的祖师王重阳的事迹　94
二、丘长春与成吉思汗的因缘　101
三、丘长春如何感化成吉思汗　107
第二节　元代敕封天师道与其他　111
普及民间道教观念的两部书　112

第七章　明清时期的道教　115
第一节　明太祖与周颠　116
第二节　明成祖与武当山的张三丰　121
第三节　明世宗与陶仲文的前因后果　124
第四节　明末清初道家派别的分支　127

| 第五节　康熙雍正与道教 | 128 |

第八章　二十世纪的道教　135
第一节　十九世纪末道教的衰落　136
第二节　当代学人研究道教学术的活动　137
一、影印《道藏》的发起　137
二、《道藏精华录》的编辑　138
第三节　研究道教学术的人士　139
一、刘师培的《读道藏记》　139
二、陈撄宁的实验丹道　140

附　录　145
海内外道教士之统计　146
台湾省道教会章程　148
第一章　总　则　148
第二章　任　务　148
第三章　会　员　149
第四章　组织及职权　150
第五章　会　议　151
第六章　经　费　152
推介中国传统文化主流之一的《道藏》缘启　153

南怀瑾先生著述目录　158

引　言

凡言中国文化学术或哲学思想史者，虽皆相提并称儒、释、道三家之学为其主流，而读历来著述及近今撰作，有关道家学术，大抵仅及于老、列、庄诸子书之思想范围，未能周罗道家学术之全貌，深引为憾。近年以来，欲就研究之心得，笔之于书之心颇切，然初步构思其系统，牵涉过广，既恐学力有所未逮，又虑见诸文字，须积数年之功，累百余万言之力方能蒇事。因循延宕，终无所成。今于溽暑中仓促完成斯稿，实不免有敷衍塞责之处，至为悚栗。

清儒纪晓岚谓道家为"综罗百代，博大精微"，信为笃论，然其所言曰道家，实无涉于道教也。盖自两汉以后，道家一变而集于道教，亦正因其"综罗博大"之故，不免流于"杂乱怪诞，支离破碎"之弊。故言道教学术与其原本道家异同变易之关键，诚不易于缜密分疏。今就所述立言大意，稍加提要，俾知其未尽诸端，尚有待于他日之补苴。

本文共分为八章，皆以道教发展史为中心。因欲说明道教学术之本原，故首先简述周、秦以前儒道等学并不分家之要点。其次，略述周末学术分家，神仙方伎与老、庄等道家思想混合，为汉末以来道教成长之原因。复次，引述魏、晋、南北朝以后至于现代道教之发展，及与道家不可或分之微妙关系。虽其内容本质，原为不一不异，但道家与道教学术思想之方向，毕竟有其严整之界限。唯因包罗牵涉太广，不能尽做详论，但择其大要，及其演变过程之一鳞片爪，俾读者借此可以窥见概略，并以提供研究者知所入手，抑亦由此而了解秉中国文化创立之道教为何事而已。至于道教与道家学术内容，以及旁门左道等流派演变，有关于中国社会问题者，皆未及言。挂一漏万，有待他日专书之补充。至于末章述及现代在台湾道教会及海内外道教活动之资料，统由赵家焯先生所供给，并此以志谢忱。

第一章

道教学术思想的文化渊源

第一节　道教立教的过程

道教为根据中国固有文化所创设之宗教，其立教的过程，追溯历史约可划分为十个演变时期。

（一）中国上古文化一统于"道"。乃原始观察自然的基本科学，与信仰天人一贯的宗教哲学混合时期。约当公元前四五千年，中国上古史所称的三皇五帝，以至黄帝轩辕氏的阶段，为道教学术思想之远古渊源所本。

（二）精神文明与物质文明开始发达，从此建立民族文化具体的规模；而以政治教化互为体用，是君道师道合一不分的时期。约当公元前二千二三百年开始，即唐尧、虞舜、夏禹三代，为道教学术思想的胚胎阶段。

（三）儒、道本不分家，天人、鬼神等宗教哲学思想萌芽的时期。约当公元前一千七八百年开始，自商汤至西周间，为道教学术思想的充实阶段。

（四）儒、道渐次分家，诸子百家的学说门庭分立，正逢东周的春秋、战国时期。约当公元前七百余年开始，是儒家与道家各立门户，后世道教与道家学术思想开始分野的阶段。

（五）诸子百家学术思想从繁入简，分而又合。神仙方士思想乘时兴起，配合顺天应人的天人信仰，帝王政权与天命攸关的思想大为鼎盛时期。约当公元前二百余年开始,自秦、汉以至汉末、三国期间,为道教学术思想的孕育阶段。

(六)汉末、魏、晋时期,神仙方士学术与道教宗教思想合流,约当公元一百余年开始,为道教的建立时期。

(七)南北朝时期,因佛教的输入,促使中华民族文化的自觉,遂欲建立自己的宗教,借以抗拒外来的文化思想,约当公元二百年开始,为促成道教的成长时期。

(八)唐代开国,正式宣布道教为李唐时代的国教,约当公元六百年间开始,是为道教的扩张时期。

(九)宋代以后,历元、明、清三朝,约当公元九百年间开始,为道教的演变时期。

(十)二十世纪的现在,道教实已衰落之极,五百年而有王者兴,道教前途命运的兴衰,将视中国文化儒、释、道的三大主流是否真正合一,以及东西方文化的融会贯通情形而定。在未来的世纪中,或许会另外形成一光芒四射的人类宗教亦未可知,于此唯有期诸来哲。

第二节　道教学术思想的渊源

综观人类各民族文化与文明的起源,其初大半是从观察自然,认识宇宙事物的表面现象;由于对庶物的信仰崇拜,而建立人文的哲学思想,更进而确定精神文明的基础,诸如此类,几已成为世界人类文化发展的共通原则。

但在世界所有各种民族中,唯有中华民族的远古文化,应当另作别论。我们从相传的古籍,与现在新获得的历史资料,可知上古的中华民族,一开始即孕育出良好的原始科学、哲学与宗教合一的文明;时间经历五千余年,空间纵横一万公里,直至二十世纪,与现代所谓科学时代的宗教、哲学相接触,吾人所能夸耀传统,温故而知新的,仍须仰仗上古以来列祖列宗所遗留的智慧结晶。无论现代有些中国人如何鄙弃自家故物,终有一日会幡然觉醒,开启自己的宝藏,并扩而充之,与世界各国民族共同互助研究,进于天下太平的局面。

列举世界科学发展的资料而言,诸如天文、数学、化学、物理等,无可否认的,应推中华民族发明得最早、历史最悠久。从现代人的观念而言,所可惜的是,我们往往刚有初步科学知识的发现,便立即与宗教、哲学互相混杂不分,故难与现代科学互争长短。至少在过去的事实是如此,当然,对未来尚不敢置喙,但因此也可以了解此种文化风格,正是中华民族不同于其他民族的精神所在。

一、黄帝先后时期学术思想的初步规模

由天文学说的建立,发展为人文学术的初步雏形:

(一)从应用科学而言:以北斗七星来确定天体运行,与地球磁场的关系,并发明指南车。从日月行度、天文数字建立九章历算的先期数学。

（二）从理论科学而言：（1）以八卦、五行之说，归纳统摄万象，作为天地宇宙、人事、物理抽象理论的法则。（2）辨别日月行度，初步划分星、辰为二十八宿，以定历法，作为配合以农立国所需实用气象学的张本。（3）从效法天文、地理、物理的运动法则，创始生理、心理的无疾而先养生的学说，并为有病而求医药的医理学之根据。更由此而建立医药方伎的一砭、二针、三灸、四汤药；外加精神治疗与心理治疗的祝由、巫觋等方法。

（三）人文思想的发展，认识天地、神鬼，以及万物，皆一体同根，即所谓"道"的本原。

天的观念有二：（1）物理的天体，认识苍苍者之为天。（2）形而上理念境界的精神之天，是合物理之天，与精神境界之天而为一，乃后世道教天道观念的依据。

神的观念：从天之垂象所示，可与天地上下交通而谓之"神"，故"神"字从示从申。天有天的神，人有人的神，万物有万物的神，是为后世道教神道观念的根本。

鬼的观念：从而下坠即为鬼。鬼者归也，故"鬼"字从田而下行，凡神散归于地称谓"鬼"，为后世道教鬼道观念的滥觞。

人的观念：人秉天命而生，人的生命即天命，与天地鬼神上下通者即为神。散归于地，不能上下通者便为鬼。天地、神鬼皆以人为中心。

道的观念：能生万物而非万物之所生，能使神而神、鬼而鬼的即是道,归结来说:(1)形而上的全能本体谓之"道"。(2)形而下的事物法则亦谓之"道"。上古文化思想,以"道"之一字,上下交通,联系形上、形下的全环。后世道家与道教即渊源"道"字的观念而加以扩充,统摄天地、鬼神、物理、与人生的共通原则而立教。

故言道家或道教,都通称之谓"黄老之术"。其实,所谓黄帝的学术,并无专书可考,只如司马迁所说:"黄帝者,学者之共术也。"所谓"共术",就是指中国文化的渊源,都裁定从黄帝时期开始,所以称黄帝的学术,即是代表中国文化原始渊源的总括概念而已。后世道教称黄帝学道于广成子,所谓"广成"这名号,有集其大成的意义。据此简要,大概就可了然中华民族在上古文化学术的渊源了。

二、三代(尧、舜、禹)时期天人合一思想的规模

读《尚书》翻开《尧典》,除了认识儒、道两家所称"先王"或"先圣"的政治哲学思想,皆秉作之君、作之师、作之亲的精神之外,《尧典》所载帝尧为政的首先要务,就是"治历以明时"。所谓"历象日月星辰,敬授人时",乃是建立一个天人之间,互相关联的天道观念,确定天文与历法的重要,以为顺天应人的政治基础。《舜典》所载帝舜就职的第一要务,便是继承帝尧未竟的事业,以积极发展天文的研究,所谓"在璇玑,玉衡,以齐七政"。因

此进而建立对天地、山川、神祇的尊敬，焚柴举燎，封禅四岳，从此建立天人关系的类似宗教信仰。同时在人文方面，定器物，制律、度、量、衡，作刑法以辅助政治教化的不足。及至大禹时代，社会文明渐趋进步，人心思想也愈趋复杂。所以在舜、禹禅让授受之际，即有如《大禹谟》所载："天之历数在汝躬，汝终陟元后。人心惟危，道心惟微，惟精惟一，允执厥中"，"可爱非君，可畏非民"等告诫的记述。由此而知，三代文化自确定天、神、人三位一体的思想以后，后世儒家的天人合一学说，与道家人神同体的观念，以及道教的敬天、事神等宗教仪式的建立，都是基于中国上古三代文明而出发，若加以神格化，便形成为宗教思想，如加以人格化，便成中国的人文哲学，而且因此亦可了解中国文化何以特别注重人生哲学的根本原因之所自来。

三、夏、商、周三代文化的演变

自大禹以后，所称夏代的文明，由大禹治水，"敷土，随山刊木，奠高山大川"开始，继尧、舜时代以天文为为政治世的要务，渐已趋向发挥地理、物理的效用，而成为政治世的当务之急，对于山川形势的重视，已经超过天文观念的政治阶段。同时氏族世系与宗法社会的传统观念，也从此奠定基础。但毕竟还是朴实无华的古代文明状态，所以史称夏代的文化，为"尚忠"的阶段。"尚忠"就是朴实质直,简单诚笃的人文形态。但到商汤以后,虽仍承继三代以来的天、地、人的文化传统思想,却变为特别注重天神、鬼神的信仰,类似后世所谓的"神道设教"思想,用以辅助政治的不足,故史家称殷商的历史精神,即为有名的"尚鬼"阶段。后来春秋、战国时期的墨家思想,大抵是以夏、商文化思想为其主要的渊源。汉代以后,道教宗教部分天、人、神、鬼思想的建立,也是远承夏、商文化思想的源流。因在夏、商历史文明的过程中,已从尧、舜以来朴实的天文知识,渐次演变为理论的天文思想,从此建立抽象的天文数学符号,所谓十天干:即甲、乙、丙、丁、戊、己、庚、辛、壬、癸;十二地支:即子、丑、寅、卯、辰、巳、午、未、申、酉、戌、亥;以及干支排比的甲子、乙丑……六十花甲;更有五行、八卦,与干支配合,附以天神的观念与名称,用来解释人事、物理等各种理论的法则,充满神秘的宗教意味,成为后来道家与道教所有学术思想的滥觞。周朝建国,对于上古以来的政治体制,礼乐教化等所有思想制度,一律加以整理与变革,文王、武王、周公父子兄弟三人,综罗上古文化思想,归纳成为一贯,极力建立以人为本位,由人而上通天文、下及地理、旁通物理的人文文化体系;《周易》的文言、象辞、爻辞等,即为周代文化思想最高原理的总汇,所以孔子推论三代以来的文明,特别赞许周代文明,为"郁郁乎文哉"!后世儒家思想学说之所以如此演进,受其影响至深。虽然如此，但称为文化思想的最高理则，仍然归纳谓之"道",是以当时的"道",并无门墙的纷争,亦无派别的树立。

四、周穆王西征与神仙故事的起源

周代文化思想,虽承接夏、商以来的传统,但已经过一番综合修正,所以特别注重人文文化,极力向作之君、作之师政教合一的途径努力,意欲达成以王道为政的标准。故除分封诸侯、建国自治以外,统领天下政权的周室天子,只想做到顺天应人,垂拱无为而治的君临天下。因此建"明堂"以示人文教化的规范,尊"宗庙"、祀"社稷"、重"封禅"以祀天而示天子的职责,表示只是上承天命,下临百姓,肩负沟通天人意志的责任而已。这种思想,在原则上,至少在武王姬发革命建国以来,一直影响西周达三四百年之久,其间已经摆脱夏、商以来信仰神天的传统,步入以人文文化为中心的良好规模。倘若真正了解周、秦以前,儒、道本不分家的传统,便可知周代的思想,尽是中国上古传统文化道家的天下。而在西周初期的一二百年间,也的确能达到极近升平世界的局面。然而人类的思想和欲望的追求,始终不能安于现实就得满足,或因变乱动荡而求解脱,或因天下太平而追寻高远,这是必然的趋势。周代虽经文化思想和政治的革命,力求摆脱鬼神的崇拜,但人生问题,毕竟是个大谜,所以玄秘之学,仍然可与人文思想并存而不悖,尤其在已极人间富贵之后,纵使百无所求，然而对于渺茫难凭的寿命，谁又不想力求把握？于是养生之说与求长生不老之方的思想，以及玄秘之学，自然奔流竞逐，仍旧隐约流行于各阶层社会之间，故在西周中叶，便有穆王求道的传说发生。《穆天子外传》所称穆王有八骏之马，可以日行万里，西至昆仑之巅而会见西池王母的传说，虽然后世学者多半疑作是伪造的文章，视为不经之谈。但衡之以情理，当归之为事出有因，查无实据的流传故事，要是一笔抹杀，未免有欠考虑。《竹书纪年》称穆王十七年，西征昆仑，见西王母，其年王母来朝，宾昭宫，似乎亦非凭空捏造，唯所谓王母也者，究竟是神或是人，事当另需研究。古今中外，不知有多少昔日的事实，没有被列入当时经史之内！为了针对一般人喜欢引用证据，不肯透视内情的态度，不若以"多闻阙疑"、归档存查的方法来处理，较为公允。然或多或少，已由此可以察见西周文化中早已存有道家的神仙思想，应无疑问。换言之，由道家的思想，一变而为后来的道教思想，在周穆王时期，已经见其端倪。

第三节　道教起源于春秋战国时期的神仙方士

到了东周平王之世，王政不纲，原始封建政治的观念早已有所变动，诸侯渐竞霸业，时代趋势促使才智之士的思想奔放，形成文化思想的再度变革，致使传统一贯的道统分家。于是百家竞起，有的挟学术思想以游说诸侯，博取领导与权位；有的以讲授生徒，影响社会，造成风气，因此形成自春秋、战国以至秦、汉初期，达三四百年之久的学术自由风气。其间最著名的：后世所称道家的代表人物，及有著述的，如老子、列子、庄子、杨朱等；所称儒家的代表人物，如孔子、曾参、子思、孟子、荀子等，各有著述。他如以墨翟为中心代表的墨家；以孙子、吴起等辈为代表的兵家；以驺衍之流为代表的阴阳家；以申不害、韩非等人为代表的法家；以惠施、公孙龙之俦为代表的名家；擅长纵横捭阖、钩距长短之术的以鬼谷子为标榜，如苏秦、张仪等辈，也都能独树一帜，各执牛耳，而称为纵横家；甚之农、工、商、学、杂说等，亦皆有专长学说可以名家。犹如现代的学术分科，都可以专精一门而得博士以名家相类似。其实，春秋、战国时期的诸子百家，实际就是中国上古传统文化中道家一贯的分脉，司马迁著《史记》，自称祖述太史公的思想，以道家为主，应是指传统文化中儒、道并不分家的道家，但取以老子为代表的道家思想而已，其最明显而被后世人们所忽略的证据，在他所著述的《史记》的体例中可以见到，即他独以孔子传记列为世家，却将老、庄、申、韩合并作为列传，并对这四个人的生平，也只略记大意而已。后世的道家与道教，虽然推尊老、列、庄三子为教主，为真人，实际上，它是综罗了上古与三代文化思想，统摄周、秦以来的道家、墨家、阴阳家、兵家、杂家、医药、方伎等诸子百家之学，融合成为一个宗教而又异乎一般宗教的道教，可谓大有类同司马迁推崇传统道学的精神。

当春秋、战国期间，向来传统一贯的道学，已演变成各主所见、各立门户的情况，从此独树一帜以学术名家的风气得以开展。在高谈理论的各家学派之外，其专门从事天文、地理、医药、养生等的科学研究者，便在诸子百家以外，与杂家会合，自成流派。但在古代轻视自然科学的技术观念之下，一律受到鄙视，而名之谓"方伎之士"。其实，这类方伎之士，便是后世神仙思想的渊源，也就是后来道教中心思想的精粹。此辈以中国原始科学家见称的方伎之士，有的从研究宇宙人生问题着手，认为一个人可以用各种修炼方法，修到长生不老而变成神仙，最后进而与天地同休、日月同寿的境界，此等观念，便在北方燕、齐各国朝野之间，普遍流行。如齐威宣王与燕昭王，都有受到这种学说的影响，而使人入海远求蓬莱、方丈、瀛洲三神山之举，这些都是有史可征的先期神仙事实。有的如齐人邹衍，以阴阳五行的学说，研究天文，倡海内有九州之说，被人视为迂怪不经。又有燕人羡门之属，主以方术修炼金石，服之便成为神仙，使形销尸解，可以依比于鬼神的技术，也都未能被当时社会所肯信，因此后来燕、齐之士，亦极少有能尽传其术的。大凡初期从事科学的研究者，必受世人的嗤笑与轻视，亦为古今中外一例的事实。然而当时流行于南方的玄秘思想，如列子、庄子等人，所提出的神人、真人、仙人的人格升华而成神化的学说，实早已受到方士神仙思想的影响。但在北方的方士道家，比较偏重丹药养生；南方的道家，却以精神超脱、养生适性为主；至于两者合流的神仙方术，实在秦、汉之后，故若推论道家神仙方士的学术，渐次演变为后世道教的雏形，当以周代中叶为合理的肇始时期。

一、秦汉时期的道家与神仙

到了秦始皇嬴政统一中国，不但在政治形态上一变周代以来的旧制，废封建、置郡县；在学术思想上，也力求统一，致使诸子百家学说，一齐都被扼杀，更谈不上有新的发展。但人生毕竟是渺茫难凭，虽然富有四海、威加宇内，但一遇到生前身后的问题，不免就有四顾彷徨之感，因此始皇除了倾心上古帝王的"封禅"想要借此上祈天神的庇护，而又以此傲视天下以炫耀自己的丰功伟绩，除此自我陶醉作为精神自慰之外，只有乞灵于方士神仙之说，以求长生不死之方了。他从方士卢生的建议兴筑咸阳宫，要想以行动隐秘以求神仙真人的降临。又选派徐市（福）携五百童男童女入海以求丹药，也是受方士的蒙蔽，终至身死沙丘，一无所获。但由此可见在秦始皇的时期，神仙方士等流派，并未受焚书坑儒的影响，依然甚为活跃。卜筮、方伎、医药等传述，并未置于禁例，因此种下汉代阴阳术数，神仙道士发展的根源。

二、汉初内用黄老的文景之治

汉初，人们历经战国以来三四百年长期战争的变乱局面，以及秦始皇时代严刑峻法的统治，社会人心所殷切期望的，就是早日达到安居乐业的升平世界。所以集汉高祖刘邦的豁达、萧何等人的深通世故，与借鉴往日从政的经验，便将政治风气一变而以宽柔为怀，这在基本观念上，已经吻合于道家思想的黄、老无为而治的学说。再到汉文帝执政阶段，内有宫廷的变乱，外有强臣宿将，与兄弟诸王的虎视眈眈，正是危机四伏，随时有叛乱爆发的可能。而社会人心，厌战已极，此时此世，内外任何因素，都不适于施用刚猛的政策，因此便从其母后与曹参的主张，采用黄、老的阴柔措施，这对后来汉代三四百年间道家思想的成长，实为最有力的促成因素。可是曹参等人之黄、老学说，乃受教于盖公，盖公所传老子之学思想的内容，究竟是否完全与老子的观念相符，实在大有问题。总之，汉初文、景时代内用黄、老的政治作风，是以无为而治为外表，以"用弱"、"用反"的阴柔手段为权谋，就因为其政治策略与实施方针是以黄、老相标榜，故影响所及，造成一般社会也崇尚道家学说的风气，真是"上有好者，下必甚焉"！至武帝执政时代，便有所革新，由道家哲学思想的运用，转为积极追求神仙的事实，如推究其原因，诚非无中生有而来。

三、汉武帝与神仙方士

汉初承文、景两个朝代以来的休养生息，朝野安定，国家经济财政从表面看来，已甚富庶。武帝英年挺发，要想建功边陲，洗刷自汉高祖以来的外侮耻辱，自然对柔弱为用的政治策略不满。他首先变更祖宗传统的思想，以奠定其领导的方针，自然而然就走上罢黜百家、尊崇儒术的路线。但汉初以来至武帝时代的儒生，上焉者，专以传经训诂，考据典故，疏释经文为事；下焉者，但借孔、孟以来的儒学相号召，专门从事功名的竞逐，已非孔、孟原来儒家师道的真面目。这在开国不久，如蒯通等人的思想行谊上，已经表现得极其明显。一到武帝时代，或以儒学为主，掺杂道家、阴阳家的思想，倡天人之际的新儒家学说，犹如董仲舒之流。或以因应人情，阿附人生，极尽乡愿作风，以乱儒家礼法的儒术为尚，如公孙弘等辈。真能发扬孔孟儒家思想学说，以王道为政为目的，以君师之道自任者，几已绝响。故当时的文化思想，虽一尊孔子，其实，道家思想仍然弥漫于朝野上下。武帝晚年，酷好神仙方士之术，并不亚于秦始皇的作风。他在元光二年初祠五畤时，尊方士李少君为文成将军，祠奉灶谷道，以从少君所言。拜祠灶神可以致物，然后便可化为丹砂，再变而为黄金，成金以后，作为饮食器具，就可以延年益寿。少君还怂恿武帝

"封禅"以祠天帝。又常以偶中之言，说动宫廷内外，并且扬言他尝游海上，亲见仙人安期生，服食过仙枣，其大如瓜，使大家认为他已年过数百岁。武帝对他深信不疑，就遣使入海求蓬莱仙岛与仙人安期生之属，结果一无所获。后来少君得病而死，武帝犹信其为化去而未死，因此影响燕、齐之间，迂怪诞妄之士便多来言神仙之事。武帝后来又封方士栾大为乐通侯，以其能修丹砂炼金，役使鬼神等法术，又妻以卫长公主，富贵比埒王侯，但终因虚妄荒诞，一无所成而被杀。武帝因酷好神仙方士之术，曾立五祠，建甘泉宫，筑承露盘，修造蓬莱、方丈、瀛洲、壶梁等海中神仙的假想建筑；又因崇信方士之术，致使女巫可以随便进出宫廷，终至淫乱秽闻传达不堪，造成武帝时代有名的"巫蛊"大案，太子因此被迫自杀。神仙方士之术，原为中国古代极有价值的科学基础，但一牵涉入政治，夹以富贵权位欲望，而终致贻祸无穷，若就所谓遗世独立的真人神仙视之，岂不哑然失笑！

总之，道家的神仙方士之术，到汉武帝之世而昌盛，开启后来东汉、魏、晋道家神仙方术思想的基础。再变而有北魏正式道教的形成。但相对的，所有荒谬不经、牵强附会的道术，也因汉武帝时代而发达。以后声势虽然稍歇，却并未全衰，因此以滑稽讽谏见长，调和武帝之间的东方朔，也被后世冠以神仙化身的道号。汲黯曾批评武帝是"内多欲而外施仁义"，确为一针见血之言。以此求仙成道，无异缘木求鱼,这不但是他的大病,也是汉代政治上因迷信于神秘之术所导致后果不堪收拾的大缺点。一般中国人传统风俗的祠奉灶神,就是道家天神信仰的遗规,民间每年岁阑,腊月廿三夜送灶神上天的习惯,早盛行于春秋战国时期,更经汉武帝的提倡,便一直流传至今,现代人多半已不知其所从由来了。其余如巫蛊邪术,汉初也已盛行。至如道家的《枕中鸿宝》,与有名的《淮南子》等书,也是武帝时代应运而出的著作。

四、东汉重视图谶开启道教的先声

东汉复国的初期,因光武与他的一班文臣武将,大半出身民间,所以一切作风,都崇尚朴实。而其政治方针,依然因循西汉的"内用黄老,外示儒术",并未大加变动。故东汉以下的风气,虽然不似西汉一般,大闹其道家的神仙方士之事,但其思想范围,仍然不脱西汉儒、道两家的窠臼。由于光武相信图谶,所以影响后来阴阳术数之学与谶纬预言之说大加流行。故东汉以后,学术思想的演变,约由两个不同的方向会归于道教:

(一)由于推崇象数的学者,祖述孔子传易于商瞿的传统,附会五行、八卦、天干、地支等阴阳家学说,而形成为术数的巨流,如焦赣、京房、费长房等人的象数易学,夹辅图谶而普遍流行。再变遂有汉末的卦气、变通、升降、爻辰、纳甲等学互相掺杂。不久,又与佛教传来的印度天象学融会，于天干、地支、二十八宿星象的观念上，又倍增神人神兽等名称，而使天人之间，弥漫一片神秘的气氛，成为东汉以后道教学术胎变的依据。

（二）由上古"祝由"巫术、咒语的流行，配合原始象形文字，及会意文字等的"图腾"观念，以与印度婆罗门教、瑜伽教派等流传的咒语、法术共同交流，就变为精炼精神作用，可以影响事物的符箓。以斋醮告天为祈祷天神的仪式；以披发仗剑，画符念咒为神通的妙用，从此深入民间，更由民间反映到上流社会，遂使汉末自桓帝、灵帝以后，朝野上下，笼罩着一片神秘的色彩。因此采纳自古以来中国文化的幕后人物，如"隐士"与"神仙"之流为中心，加上难以解释之精神作用的符咒，比附于谶纬、"图腾"等学术，即成为汉末、魏、晋以后的道教。

第二章
道教的建立

第一节 汉末三国时期的道教

道教的初创时期,当推在东汉明帝时代,较为可靠。以后历汉末、三国、晋各朝,随时均有发展。直至北魏时代,才为正式定型的时期。

一、诸山道士时期

当汉明帝时代,佛教已有开始传入中国的迹象,五岳诸山道士,由于宗教心理的驱使,奋然群起,欲与佛教一较长短;如南岳道士褚善信,西岳道士刘正念,北岳道士桓文度,东岳道士焦德心,嵩岳道士吕惠通,诸山道士费叔才、祁文信等一千三百一十人,上表奏称与佛教较法之事,见载于佛道论,事非纯出虚构。由此可知秦、汉以来的方士,到东汉以后,已经渐有道士之称,他们隐居在各地名山大泽,修炼仙道,《汉书·司马相如传》所谓:"列仙之儒,居山泽间,其形甚癯。"当时虽然没有正式建立成为一大宗教,却因受到外来宗教的刺激,已隐然生起抗拒的运动。

二、张道陵的创教时期

到汉末桓帝、灵帝时代,有沛国人张道陵(初名陵),本是太学诸生,博通五经,及其晚年,忽然感叹读书无益于年命之事，遂学长生之道，自称得黄帝九鼎丹法，因无资财合药，闻蜀人纯厚，易于教化，乃与弟子入蜀，居鹄鸣山中，著作道书二十四篇。陈寿在《三国志·张鲁传》中，称其为"造作道书，以惑百姓，从受学者，出五斗米，故世称米贼"。后世又称其为"五斗米道"。陵死，子衡行其道；衡死，鲁复行之。到了张鲁行道的时期，已经据有东川，掌握实际的地方行政权，设官置吏，皆以鬼神之道命名，俨然为一路诸侯，而执掌政教合一的实权，对于四川政局，有举足轻重之势，实为中国历史上施行地方宗教政治的第一人。

《三国志·张鲁传》云：

> 鲁遂据汉中，以鬼道教民，自号师君。其来学道者初皆名鬼卒，受本道已信，号祭酒，各领部众，多者为治头大祭酒。皆教以诚信不欺诈，有病自首其过，大都与黄巾相似。诸祭酒皆作义舍，如今之亭传，又置义米肉，悬于义舍，行路者量腹取足，若过多，鬼道辄病之。犯法者，三原然后乃行刑，不置长吏，皆以祭酒为治，民夷便乐之。

后来张氏子孙，又迁居于江西龙虎山，自宋元以后，历代封号尊之为天师，与山东曲阜孔氏世家媲美千古，诚为异数。虽然国内外研究道教的人士，普遍认为张道陵是道教的创造人,其实是不合史实的。所谓张道陵的创教,只是一时的权宜之计,且其志有限,他最初的动机,也只为身家而谋,并非具有远大眼光的宗教家。

三、魏伯阳的弘扬神仙学术

由于春秋、战国以来的神仙方士之术,与老子、庄子的玄学,以及阴阳术数与《周易》的学术,出此入彼,互为矛盾。至于东汉期间,便有吴人魏伯阳,认为《周易》及老、庄之学,与修炼丹药而成神仙的方术,原理互通,彼此原为一贯,乃援《周易》、老庄、神仙丹道三种学问,融会贯通而著《参同契》一书,以说明修炼神仙方术的不易原则,而使丹道修炼方法,成为有体系、有科学基础的哲学理论。于是神仙丹道之学,由此大行,《参同契》一书,也成为千古丹经鼻祖,后世道教与神仙家,尊崇魏伯阳为"火龙真人"。其所著书,诚为中国科学与哲学的不朽巨著,也为后来道教奠定中心思想的基石。

四、黄巾张角的旁门左道

汉末灵帝中平元年,巨鹿人张角,号称事黄、老之术,以妖言惑众,遣弟子散游四方,转相诳诱,十余年间,设立三十六方。所谓方者,犹如汉代政制的大将军。大方万余人,小方六七千人,各立渠师,欲图谋反。事败,张角即驰敕诸方,一时俱起,皆衣着黄巾的标志,角自称"天公将军",其弟宝称"地公将军",梁称"人公将军",由此而天下大乱。类此以道术惑众,如后世宋元之间的白莲教、清末的太平天国、义和团;凡借用宗教之名相号召,阴图政治的运动者,应当引为殷鉴。

《典略》曰:

> 熹平中,妖贼大起,三辅有骆曜,光和中,东方有张角,汉中有张修。骆曜教民缅匿法,角为太平道,修为五斗米道。太平道者,师持九节杖为符祝,教病人叩头思过,因以符水饮之,得病,或日浅而愈者,则云此人信道;其或不愈,则为不信道。修法略与角同,加施静室,使病者处其中思过。又使人为奸令祭酒,祭酒主以老子五千文使都习号为奸令为鬼吏,主为病者请祷。请祷之法,书病人姓名,说服罪之意,作三通;其一上之天,著山上,其一埋之地,其一沉之水,谓之三官手书。使病者家出五斗米以为常,故号曰五斗米师。实无益于治病,但为淫妄,然小人昏愚,竞共事之。后角被诛,修亦亡,及鲁在汉中,因其民信,行修业。遂增饰之,教使作义舍,以米肉置其中,以止行人。又教使自隐,有小过者,当治道百步,则罪除,又依月令,春夏禁杀;又禁酒。流移寄在其地者不敢不奉。

五、汉末著名的道士

以上引据的事,皆为北魏时代扩张道教最为有力的先声,如张道陵、魏伯阳等道术,后来成为道教正一派的符箓,与正统神仙丹道的两大主流。当汉末、三国期间,时逢乱世,怪诞传说繁兴,凡事出有因,查无实据,而又为当时与后世乐于称道的神仙故事,为道家神仙传等书所采信录取的,如刘晨、阮肇、麻姑、费长房、钟离权、左慈、于吉等人,皆为后世道教确信为神仙之流,不下一二百人。大凡宗教中人,其生平行事,若不类似神奇,就不足为号召。何况神仙之事,本来就以特立奇行、异乎常人相标榜,于是仰慕道术仙人的信念,就弥漫朝野,普遍存在于社会各阶层之间了。

但促使汉末、三国、晋时期道家发展的,约有三个原因、两种趋势。

所谓三个原因:

(一)由于东汉末期士大夫世家门阀观念的形成,凡士大夫的世家子弟,遂成为占据要津,把持上层社会,垄断知识思想,造成汉代有名的"党锢"之祸。致使高明才智之士,相率逃避现实,走向贤者避世,其次避地的隐士生涯,以慕道求仙相掩护,就造成白日飞升与尸解等故事,于是道成仙去之说,益见流行。

(二)汉末朝政腐败,外戚、宦官、巨室,互相操持政权、豪门、巨族，奴役隶卒，私相敛财，于是武勇之士，便游侠江湖，聚众据险以自固，并且利用图谶之说与道术相号召，形成据地称雄的力量，渐启以道术组织宗教的形势。

（三）佛教的输入，促使民族文化抗拒思想的发生。儒家的训诂释义，章句注疏之学，既不能餍足人心，而佛教哲学，又如天际神龙，见首而不见其尾，挟雷霆万钧之势，源源输入，于是醉心玄真，寄情高远之士，极力寻求《周易》、《老》、《庄》的幽微，及神仙方士的修炼方法，拟与佛法一争高下，乃产生道家哲学的理论根据。

两种趋势：

（一）凡出身读书，失意仕途的知识分子，转用符箓、咒语等道术起家，啸聚徒众，以役使鬼神，替天行道的宗教观念相号召，如张道陵等人，其最初的动机，虽没有独立创教的企图，但已开展组织宗教的趋势，而开启中国特殊社会的宗教组织之规模。

（二）由战国以来，墨家巨子的风气，与游侠之流的存在民间社会，传统不衰。当汉高祖崛起陇亩，统一天下的时代，侠义的巨子，潜在民间，如朱家、郭解之流，便有东西南北等诸道的存在。"儒以文乱法，侠以武犯禁。"他们都是唯恐天下不乱，希望乘乱而起的中坚分子，在西汉之末，狡者与赤眉、铜马等相合流；贤者遂一反其正，随光武而中兴。流风所及，一到东汉桓、灵之末，与妖言惑众的旁门左道，如张角之流相接触，便自然成为谋反力量。但也由此使道家方术，与墨家尚义，及游侠精神相结合，而成为中国特殊社会，掺杂了宗教形成的前因。

第二节 魏晋时期的道家

一、许旌阳的丰功伟绩

道家在汉末一变，而有张道陵的道术，后来成为江西龙虎山天师世家的道统，宋元以后，又成为道教一大派系而称为"正一派"。但在东晋时期，许旌阳在江右以道术整治南昌、九江间的水利，提倡传统文化的孝道，创立净明忠孝教，其平生行谊，丰功伟绩，永铭人心，《神仙传》中记载，称其功成德就之日，拔宅飞升，犹如汉代传奇淮南王鸡犬飞升的故事。他在道教中的地位，被尊为历代仙班中数一数二的富贵神仙，对于后世道教的影响极大，虽与张道陵创教的时代不同，而且南辕北辙，互不相关，但其簸扬南方道家思想，深入世俗人心，成为民间习俗所称道教中的江西庐山道法，与江南句容的茅山道法互为雄长，成为道教建教的功臣，洵非偶然。

《十二真君传》称：

许真君，名逊，字敬之，本汝南人。祖琰，父肃，世慕至道。东晋尚书迈，散骑郎常侍护军长史穆，皆真君之族子也。真君弱冠，师大洞君吴猛，传三清法要。乡举孝廉，拜蜀旌阳令。寻以晋室纷乱，弃官东归，因与吴君同游江左，会王敦作乱，二君乃假为符祝求谒于敦，盖欲止敦之暴而存晋室也。而敦意已决，凡非之者必致死，适盛怒而杀郭璞，真君即掷杯梁间，飞舞不停，因敦等举目观飞杯之际，即隐身遁去。后遂举家避乱于江西，往来于庐山、南昌之间，相传以法术斩蛟怪而安豫章之水厄，赣人感戴其功德，历世不衰，郡人相习南昌省会每年秋季朝拜万寿宫之举，即为祠真君之遗风也。真君以东晋孝武帝太康二年八月一日，于洪州（南昌）西山，举家四十二口，拔宅上升而去，唯有石函、药臼各一，车毂一具，与真君所御锦帐，复自云中坠于故宅，乡人因其地置游帷观焉云云。

又有传称：

逊为蜀旌阳令，既归，父老送之如云，有不返者。乃于宅东隙地，结茅以居，状如营垒。多改氏族以从许姓，号许家营。

许真人以弘扬忠孝为敦品立德之本，以立功济世为普利民生之基，其道功修炼的方法，并重男女夫妇双修，具房中正统的法术。据《净明忠孝录》所载，真人虽有主张男女双修之说，但谆谆告诫，如非具大功大德者，切勿妄图，否则必致身败名裂，下坠泥犁。盖欲完成人间富贵而又飞升上界而做神仙，必须砥砺德行，方合于自助天助的宗旨。由此可见许旌阳创建忠孝为主的道教，完全是传统文化儒道本不分家的道德主张。其平生行谊，较之张道陵创五斗米道的作风，虽形同而实异。

二、抱朴子的富贵丹砂

当东晋时期，道家学术思想，随晋室而南渡，许旌阳创道教于江西，抱朴子葛洪修炼丹道于广东，此皆道家荦荦大端的事实。葛洪著作等身，留为后世丹经著述，及修炼丹道的规范，成为晋代列仙中的杰出奇才。道家相传"葛、鲍双修"的术语，就是指葛洪与其丈人南海太守上党鲍元，都是不舍夫妇家室之好而成为神仙的榜样。

《晋书》本传云：

> 洪字稚川，丹阳句容人也。祖系，吴大鸿胪，父悌，吴平后入晋，为邵陵太守。洪少好学，家贫，躬自伐薪以贸纸笔，夜辄写书诵习，以儒学知名。性寡欲，无所爱玩，不知棋局几道，樗蒲齿名。为人木讷，不好荣利，闭门却扫，未尝交游。于余杭山见何幼道、

郭文举,目举而已,各无所言。时或寻书问义,不远数千里,崎岖冒涉,期于必得,遂究览典籍,尤好神仙导养之法。从祖元,吴时,学道得仙,号曰葛仙公,以其炼丹秘术,授弟子郑隐。洪就隐学,悉得其法焉。后以师事南海太守上党鲍元,元亦内学,逆占将来。见洪深重之,以女妻洪。洪传元业,兼综练医术,凡所著撰,皆精核是非,而才章富赡。太安中,石冰作乱,吴兴太守顾秘为义军都督,与周玘等起兵讨之,秘檄洪为将兵都尉,攻冰,别率破之,迁伏波将军。冰平,洪不论功赏,径至洛阳,欲搜求异书以广其学。洪见天下已乱,欲避地南土,乃悉广州刺史嵇含军事。及含遇害,遂停南土多年,征镇檄命,一无所就。后还乡里,礼辟皆不赴。元帝为丞相,辟为掾,以平贼功,赐爵关内侯。咸和初,司徒王导召补州主簿,转司徒掾,迁咨议参军。干宝深相亲友,荐洪才堪国史,选为散骑常侍,领大著作,洪固辞不就。以年老欲炼丹,以祈遐寿,闻交阯出丹砂,求为勾漏令。帝以洪资高不许。洪曰:非欲为荣,以有丹耳。帝从之。洪遂将子侄俱行。至广州,刺史邓岳留不听去。洪乃止罗浮山炼丹,岳表补东宫太守,又辞不就。岳乃以洪兄子望为记室参军。在山积年,优游闲养,著述不辍。

其(《抱朴子》)自序云:洪体乏进趣之才,偶好无为之业,假令奋翅,则能陵厉元霄,骋足则能追风蹑景，犹欲戢劲翮于鹪鹩之群，藏逸迹于跛驴之伍，况大块禀我以寻常之短羽，造化假我以至驽之蹇足，自卜者审，不能者止，又岂敢力苍蝇而慕冲天之举，策跛鳖而追飞兔之轨。饰嫫母之笃陋，求媒阳之美谈，堆沙砾之贱质，索千金于和肆哉。夫僬侥之步，而企及夸父之踪，近才所以踬碍也。以要离之羸，而强赴扛鼎之势，秦人所以断筋也。是以望绝于荣华之涂，而志安乎穷圮之域，藜藿有八珍之甘，蓬荜有藻棁之乐也。故权贵之家，虽咫尺弗从也。知道之士，虽艰远必造也。考览奇书，既不少矣，率多隐语，难可卒解，自非至精不能寻究，自非笃勤不能悉见也。道士宏博洽闻者寡，而意断妄说者众，至于时有好事者，欲有所修为，仓促不知所从，而意之所疑，又无足咨。今为此书，粗举长生之理，其至妙者，不得宣之于翰墨，盖粗言较略，以示一隅。冀悱愤之徒省之，可以思过半矣。岂谓暗塞，必能穷微畅远乎！聊论其所先觉者耳！世儒徒知服膺周孔，莫信神仙之书，不但大笑之，又将谤毁真正。故予所著子言黄白之事，名曰《内篇》。其余驳难通释，名曰《外篇》。大凡内外一百一十六篇，虽不足藏诸名山，且欲缄之金匮，以示识者。

自号抱朴子，因以名书。其余所著碑诔诗赋百卷，移檄章表三十卷，《神仙》、《良吏》、《隐逸》、《集异》

等传各十卷,又抄五经、《史》(《史记》)、《汉》(《汉书》)、百家之言,方技杂事三百一十卷,《金匮药方》一百卷,《肘后要急方》四卷。洪博闻深洽,江左绝伦,著述篇章,富于班、马。又精辩元颐,析理入微,后忽与岳疏云:当远行寻师,克期便发。岳得疏,狼狈往别。而洪坐至日中,兀然若睡而卒。岳至,遂不及见。时年八十一,视其颜色如生,体亦柔软,举尸入棺,甚轻如空衣。世以为尸解得仙云。

葛洪所著《抱朴子》传述的丹道,以炼服药物而成神仙为主,以栖神存想为用,实为传统方士派的正统学术,并非后世道家专主身心内景,以性命双修为炼丹宗旨,故葛洪亦擅长医药,尤精于外科。所著《抱朴子》的外篇,又包括立身处世、政法策略与兵书军事等思想,可以媲美《庄子》、《淮南子》等道家名著。东汉时,魏伯阳著《参同契》,曾已指出道家法术流派的混杂,所谓旁门左道,归纳地说:"千条有万余。"葛洪在《抱朴子》中,也曾记述方士之流的妖言惑众,自欺欺人者不计其数,他指出有人自称已活了八百多岁,亲自看见孔子出世,手抚其顶,许其将来可做圣人云云。由此可见道家者流,诳妄虚诞之辈,混迹其间,比比皆是,古已如此,于今更甚,这是道教最大的流弊。宋代张君房撰《云笈七籤》,汇集道术精华的大成,可以概见宋代以前道教的大要。但从《抱朴子》中汇述神仙方士的记载，也可概见秦、汉以来直到两晋道家的大略。但葛洪对于魏伯阳《参同契》的学术，一字未提，似乎葛洪当时，并未亲见其书，或因限于古代的时代环境，学术交流，良亦不易。

三、魏晋玄学与道家思想

大凡言中国学术思想或哲学史者，对魏、晋人的"清谈"与"玄学"，皆列为中国文化演变的主题。关于"玄谈"兴起的背景，多数认为由于政治环境与思想风气所形成，大都忽略两汉、魏、晋以来朝野社会，倾向求仙的风气，与神仙道士等解释"三玄"之学，如《周易》、《老子》、《庄子》的丹经思想。能知此者又不通于儒家的俗学，明于彼者又不识道家的丹诀，故不两舍而不言，就偏彼而重此。倘若更能了解汉末、魏、晋以来神仙道士的思想，久已占据人心，且具有莫大的潜力，那对于魏晋"玄谈"兴起的原因，就可了如指掌了。

汉末、魏、晋时代，上至帝王宫廷，与士族巨室，下至贩夫走卒，由于世家宿信仙人的观念，已相沿成习，犹如二十世纪初期的中国知识分子，十之八九，世家传统，都是信仰佛道两教。但身为知识分子，读书为求明理，且心存君国，志在博取功名官爵，要求富贵而兼神仙，毫无疑问必为背道而驰。而传统思想习惯，又已深入人心，虽心向往之，在表面上，又不得不加驳斥自以鸣高。于是神仙道士们所提倡"三玄"之学,一变而为空言理论的"清谈",乃是势所必然的演变,何况时衰世乱,避世避地既不可能,而当时佛教还未普遍建立规模,所以也无从逃佛逃禅,犹如五代人才的脱屣轩冕,相率入佛。与其说"玄学"的兴起,由于哲学思潮的刺激,毋宁说是魏晋知识分子对于神仙道士追求形而上的反激。例如曹魏建安父子兄弟的著作,已可窥见汉末因玄想而引起的旷达意境。他如东晋的世家士族,若王谢等家,也都是崇奉道士们的道教,如《晋书·王羲之传》称:

> 羲之次子凝之,为会稽内史。王氏世事张氏五斗米道,凝之弥笃。孙恩之攻会稽,寮佐请为之备,凝之不从,方入静室请祷,出语诸将佐曰:吾已请大道,许鬼兵相助,贼自破矣。既不设备,遂为孙恩所害。

又如谢灵运儿时,其家为求其易育,曾寄养于天师道的治所。他如东晋诸名士的学术思想,不入于道,即接受新兴的佛学,大体只有成分多少的分别,并非绝无影响的可能。

> 东晋范宁常谓王弼、何晏之罪,深于桀纣。如云:"王何蔑弃典文,幽沉仁义,游辞浮说,波荡后生,以至礼乐崩,中原倾覆,遗风余俗,至今为患,桀纣纵

暴一时，适足以丧身覆国，为后世戒。故吾以一世之祸轻，历代之患重，自丧之恶小，迷众之罪大也。"

其实，以"玄学"或"玄谈"的兴起，一概归之王弼、何晏，未免过分，且亦不明其思想渊源之所本，殊非笃论。但自"玄谈"兴盛，使道家论神仙丹道的学术，在思想上，更有理论的根据与发挥，形成为后来道教的哲学基础，实由"玄学"而开辟其另一途径。

四、道佛思想的冲突与调和

当魏、晋时期，佛教传入与佛经翻译事业，已开展其奔腾澎湃之势，西域佛教名士如支谦、支亮、支遁等人，留居中国，且与魏、晋时期国内诸名士，都有密切交往，学问切磋，也彼此互有增益，事载于佛道两教典籍者，姑不具引。即在六朝笔记《世说新语》中，亦可知见一斑。国内佛教名僧如道安、僧肇等辈，都是深通中国文化如"三玄"等学，甚之，援道家名词理念而入佛学，乃是非常普通的事实。初在庐山创建净土宗的慧远法师，原本修习道家，后来服膺佛教，创念佛往生西方极乐净土的法门，与道家的栖神、炼神方法，又极类同。西域来华名僧如鸠摩罗什，对于老、庄之学，尤其熟悉，故翻译佛经，引用"道"、"功德"、"居士"、"众生"等名词，如数家珍，也都是采用儒道本不分家的道家语，此在中印文化思想的交流，佛、道两教教义的调和，已理有固然地走上融通途径。至于修炼的方法，佛教禅定之学，与道士修炼内丹之方，其基本形式与习静养神的根底，完全形似。佛家出家观念，与道家避世高蹈的隐士观念，也极相同。佛家秘咒、手印与道术的符箓法术，又多共通之处，于是融合禅定，瑜伽、丹道而为一的后世正统道家内丹修炼方法，便于此时深植种子。

从以上的引述，已可简略窥见魏、晋道家的风气，由汉末的演变，积极趋向形成道教为宗教的路线，约可归纳为两个原因：

（一）时衰世乱，政局不稳，战争频仍，地方势力的割据形势，与依附众望所归的士族集团以自保者，随处有人。高明之士，如许旌阳、慧远等人，有鉴于黄巾张角之流的行为，但取宗教的思想与方法，作为避地高蹈，保境安民的教化，自然而然形成为一共同信仰的力量。同时自张道陵、张鲁子孙所创的五斗米道，渐已成为具有历史性的组织，渐渐与各种道派合流，形成后来道教的具体力量，也是势所必然的结果。

（二）佛教思想的传入，使有识之士，对于神仙道士的超神入化之说，愈有信仰研究的兴趣。且鉴于佛教的教义与修证方法，具有系统而理论有据，于是谈玄与修炼丹法，也渐求洗练而趋于有理论的根据，与有系统的途径，如葛洪对丹道的汇编而著《抱朴子》。他如嵇叔夜著《养生论》，为后世道士取为神仙可学的资料。慧远著《神不灭论》,后来影响南朝沈约之作《形神论》、《神不灭论》,亦为后世道家取为神仙理论的张本。

总之,中国文化,自上古而至周、秦时期,由儒、道本不分家开始。再由春秋战国时期学术分家,使道家与方士的众术脱颖而出。复由汉末、三国而至魏、晋时期神仙方士的蜕变,渐渐形成北魏时期扩张而成的道教,在政治地位上,正式与佛教互争宗教的教权。由于以上的简引略述,大致已可见其概况。

第三章
道教的成长

第一节　北魏时代道教的定型与道佛之争

晋室东渡以后，文化思想与政治局面，相互自为因果。社会不安与思想散漫，连百余年之久。外有佛教文化源源输入，一变历来从无统一信仰某一宗教的习惯，内有道士神仙思想的普遍发展，促使中国文化中儒、道两家学术的再度混合，使新兴的宗教——道教逐步定型。由此扩展到北朝社会，在政治上开始道、佛两教的互争雄长，彼此争取宫廷及士大夫们的信仰以推行其教化，而促使此种情况成为表面化，一变两晋以来各派道士的各自为政，号召团结群力而成为教争的力量，应推北魏时代最为热烈。此时领导道教运动的人物，当然以北魏朝的天师寇谦之为其中坚分子，今综合《魏书·释老志》、道教《神仙传》及中国佛教史传等的记述，简介寇谦之建立道教，与道、佛两教的纷争事实如次：

> 北魏世祖时，道士寇谦之，字辅真，雍州人。早好仙道，修张鲁之术，服食饵药，历年罔效。有仙人成公兴，求谦之为弟子，相与入华山居石室。兴采药与谦之服，能不饥。又共入嵩山石室。寻有异人，将药与谦之，皆毒虫臭物，谦之惧走。兴叹息曰：先生未仙，正可为帝王师耳。未几兴仙去，谦守志嵩山，

忽遇大神，乘云驾龙，导从百灵，集于山顶，称太上老君。谓谦之曰：自天师张道陵去世以来，地上旷职，汝文身直理，吾故授汝天师之位，锡汝《云中新科》二十卷，自开辟以来，不传于世。汝宣吾新科，清整道教，除去三张伪法，租米钱税，及男女合气之术。大道清虚，宁有斯事，专以礼度为首，加以服食闭炼。使玉女九嶷十二人，授谦之导引口诀，遂得辟谷，气盛，颜色鲜丽云。

据此可知，由汉末、魏、晋以来张道陵所创的教法，以及神仙道士的丹诀等，一到北魏寇谦之时代，遂加以变更，成为正式的道教，从此捧出教主"太上老君"的称号，同时又改变张道陵以来以中国名山大泽的名胜洞府作为教区的传统，转移其神仙管理人间的治道，一变为人、鬼、天、神互相交通，建立天上人间一体的道教系统的雏形，如云：

奉常八年，十月戊戌，有牧土上师李谱文来临嵩岳，云老君之元孙，昔居代郡桑乾，以汉武之世得道为牧土宫主，领治三十六土人鬼之政，地方十八万里有奇，（盖历术一章之数也。）以嵩岳所统广汉，平土方万里，以授谦之，作《诰》曰：吾处天宫，敷演真法，受汝道年二十二岁，除十年为竟蒙，其余十二年教化，虽无大功，且有百授之劳。今赐汝迁入内宫，太真太宝九州真师，治鬼师，治民师，继天师，四录，修勤不懈，依劳复迁。赐汝天中《三真太文录》，敕召百神，以授弟子。文录有五等：一曰：阴阳太官。二曰：正府真官。三曰：正房真官。四曰：宿宫散官。五曰：并进录。主坛位礼拜衣冠仪式，各有差品，凡六十余卷，号曰《录图真经》，付汝奉持，转佐北方泰平真君，出天宫静轮之法，能兴造克就，则起真仙矣。又地上生民，末劫垂及，其中行教甚难。但令男女立坛宇，朝夕礼拜，若家有严君，功及上世。其中能修身服药，学长生之术，即为真君种民。药别授方，销炼金丹云英八石玉浆之法，皆有诀要。……又言：二仪之间，有三十六天，中有三十宫，宫有一主（按：此数字，皆由汉儒易经象数观念而来）。最高者无极自尊（按：此乃易经太极观念与列子学说之变辞）。次曰：大至真尊，次：天覆地载阴阳真尊，次：洪正真尊，姓赵名道隐，以殷时得道，牧土之师也。（按：此为宋元以后民间道教观念洪钧老祖的张本）……经云佛者，昔于西胡得道，在四十二天为延真宫主，勇猛苦教，故其弟子皆髡形染衣，断绝人道，诸天衣服悉然。

崔浩的弘扬道教与排佛

始光初，寇谦之初奉其书而献之，魏世祖乃令谦之止于张曜之所，供其食物。时朝野闻之，若存若亡，未全信也。权臣崔浩独异其言，因师事之，受其法术，于是上疏力事赞扬，世祖欣然，乃崇奉为天师，显扬新法，宣布天下，道教大行。及嵩岳道士四十余人至，遂起天师道场于京城之东南，重坛五层，遵其新经之制，给道士百二十人衣食，斋肃祈请，六时礼拜，月设厨会数千人。及世祖讨赫连昌归，尤重其预言而中。谦之奏请世祖登受符书，以彰圣德，世祖从之（按：此为唐宋以后，帝王接受道教授箓的先声）。于是亲至道坛，受符箓，备法驾旗帜尽青，以从道家之色也。自后诸帝每继位，皆如之。寇谦之卒时，年八十四，正月间，先示弟子谓梦中成公兴召之于中岳仙宫，五月二十七日，果羽化，有清气若烟，自其口出，尸体引长，量之八尺三寸，三日以后渐缩，至敛，量之长六寸。于是诸弟子以为尸解变化而去，能不死也。后又有人见之于嵩山之顶云云。

由以上简略的引据，可见在北魏时代，寇谦之正式建立道教的规模。及至魏武帝时代，引起道、佛两教争端的主要人物，实际上是信奉谦之天师的弟子权臣崔浩所主动。其动机，当由于狭隘的宗教心理作祟，同时，亦由佛教本身自有流弊而促成其事，如佛教典籍《佛祖历代通载》所记云：

元嘉二十三年，魏太武太平真君七年三月，西伐长安，与崔浩皆以为佛法虚诞，为世费害，宜悉除之。及魏主讨盖吴，至长安入佛寺，沙门饮从官酒，从入其室，见大有兵器，出白太武，太武怒曰：此非沙门所用，必与盖吴同谋欲为乱耳。命有司按诛合寺僧，阅其财产大有酿具，及州郡牧守富人所寄物以万计。又为窟室以匿妇人（按：或为掩蔽逃难妇女而设，亦不可知）。浩因说帝，将诛天下沙门，毁诸经像，帝从之，寇谦之切谏以为不可，浩不从。先尽诛长安沙门，梵烧经像。还宫，敕台下四方，命一依长安法。太子素好佛法，屡谏不听，乃缓宣诏书，使远近闻之，得各为计。沙门多匿亡获免，收藏经像。塔庙在魏境者，无一孑遗。迨太子继位为文成帝，召复佛教。后浩以修国史得罪，夷五族而死，果报甚惨云云。

但自北魏永平二年以后，沙门自西域来者，三千余人，魏主别为之立永明寺千余间以处之。到了延昌年间，北魏佛教，州郡共有一万三千余寺。梁武帝在南朝方面，亦大事修造佛寺，这在中国宗教史上，实为佛教的一大盛事，当然会引起诸山道士的反感，也是理所必然的事。由以上的征引，可见道教在北魏时代，自道士寇谦之开始，综合秦、汉、魏、晋的神仙方士之术，及役使鬼神、符箓、法术等流派，形成初期正式道教的规模，从此而代有充实，一变综罗复杂的道家学术，成为比较纯粹宗教性的道教，奠定道教仪式的斋忏醮仪等规矩，而为唐宋以后道教教仪的根据。若以进化史的观念论断，从此以后研究道教，则较为有条理系统可循。如从原始道家学术的立场言之，则有南桔北枳之异，醍醐变为乳酪，精华散失，犹存糟粕之感矣。

第二节　南朝的道教与陶弘景

自寇谦之在北魏创建正统的天师道，使之成为正式的宗教以来，不但在北朝已深植根基，由此渐及南朝六代，亦普开风尚。当此时期，佛教的传布基础已立，但未能独步天下的原因有二：

（一）由于民族意识的反感，士大夫们据传统文化中儒家所标榜的"三纲五常"为之力争，而斥佛教为"无父无君"的异端。

（二）因道教外冒黄、老的传统，内主老子、列子、庄子的思想，与神仙方士的学术，以及儒、道不分的形态，无论在政治地位，以及朝野信仰上，或明或暗，随处与之抗衡对立。但风气所及，所有六朝学术与文学的著作，普遍的共通思想，都已不离道、佛两家的范围。因历史背景与社会风气的影响，朝野上下，在百余年间，都被道、佛思想所左右，并且皆以此种思想形态，笼罩一切。尤其到了南朝的梁武帝，遂在这种思想风气的潮流中，成为时代的牺牲者。因梁武帝笃信佛、道两教，曾亲自三度舍身僧寺为奴，宣讲佛经，而又同时亲讲《老子》，并且亦崇尚孔、孟之学。他不但对三教有同好，而其兴趣尤多偏重超脱的出世情调，在行为生活方面，有许多地方，俨然如一宗教家。可惜时代造英雄，使他作了皇帝，倘使他一生从事学术或宗教的研究，也许在千秋事业的成就上，较为一代之雄更为伟大。唐代贤臣魏徵论史，对于梁武帝与宗教关系，曾有最中肯的论断，如云：

> 高祖固天攸纵，聪明稽古，道亚生知，学为博物，允文允武，多艺多才。爰自诸生不羁之度，属诸凶肆虐天伦之祸，纠合义旅，将雪家冤，曰纣可伐，不期而会，龙跃樊汉，电击湘郢，剪离德如振槁，取独夫如拾遗，其雄才大略，故不可得而称矣。既悬白旗之首，方应皇天之眷，而布泽施仁，悦近来远，开荡荡之王道，革靡靡之商俗，大修文学，盛饰礼容，鼓扇玄风，阐扬儒业，介胄仁义，折冲樽俎，声振寰区，泽周遐裔，干戈载戢凡数十年，济济焉！洋洋焉！魏晋以来未有若斯之盛也。然不能息末敦本，斫雕为朴，慕名好事，崇尚浮华。抑扬孔墨，流连释老，几终夜不寐，或日昃不食，非弘道以利物，唯饰智以惊愚。

且心未遗荣，虚厕苍头之位。高谈脱屣，终恋黄屋之尊。夫人之大欲，在乎饮食男女。至于轩冕殿堂，非有切身之惠。高祖屏除嗜欲，眷恋轩冕，得其所难而滞其所易，可谓神有不达，智有所不通矣。

又如《新唐书·萧瑀传》赞曰：

梁萧氏兴江左，实有功在民，厥终无大恶，以浸微而已，故余祉及其后裔。

以此验魏徵之论，益见其为平允。

陶弘景调和道佛的主张

梁武帝酷好道、佛两教，故两教的奇才异能之士，亦应运而兴。在佛教，有宝志禅师（又称志公）、傅翕（又称善慧大士）等人，杰出诸方，在梁武帝朝中处于师友之间的关系。在道教，有贞白先生陶弘景，隐居修道于句容茅山，亦与梁武帝处于师友之间，时人号为"山中宰相"。如史所云：

梁处士陶弘景，仕齐为奉朝请，弃官隐居茅山。梁主早与之游。及即位，恩礼甚笃，每得书，焚香虔读。屡以手敕招之，弘景不出。国家每有大议，必先咨之,时人谓之"山中宰相"。将殁,为诗曰:夷甫(王衍字)任散诞,平叔(何晏字)坐空论。岂悟昭阳殿,遂作单于宫。盖因时人竞谈玄理,不习武事,弘景故作诗讥之。

陶弘景在南朝的政坛上是负有时代重望的人物,而其毕生致力学术的方向,始终以修道炼仙为目的,从南北朝的道教史而论,他与北魏时代的寇谦之,都是建立道教的中坚分子。但寇谦之是以纯粹道教的宗教姿态从事传道的活动。陶弘景犹有道家老、庄的风格,参合神仙方士的道术,介乎入世出世之间,隐现风尘,游戏三昧。而他的道家思想已经渗入佛家思想的成分,而且是趋向融会道、佛两家思想与方法的前驱。至于修炼神仙与采用道术的方法,注重养生丹药而近于抱朴子,故亦著有关于医药方伎的《肘后百一方》等书。但在天人的观念上,他亦如寇谦之一派,注重斋忏醮仪的祈祷,著有道教著名内典的《真诰》一书。但对于神仙事业的地位,他与抱朴子及寇谦之等观念,又有迥然不同之处,如其所著《真灵位业图序》云:

夫仰镜玄精,睹景耀之巨细。俯盼平区,见岩海之崇深。搜访人纲,究朝班之品序。研综天经,测真灵之阶业。但名爵隐显,学号进退,四宫之内,疑似相参。今正当比类经正,䉣校仪服,埒其高卑,区其宫域。又有指目单位，略说姓名，或任同秩异，业均迹别者，如希林真人，为大微右公，而领九宫上相，未委为北宴上清，当下亲相职耶。诸如此类，难可必证。谓其并继所领，而从高域粗，事事条辨，略宜后章。辄以浅识下生，轻品上圣，升降失序，梯级乖本，惧贻谪玄府，络咎冥司。今所诠贯者，实禀注之奥旨，存向之要趣，祈视跪请，宜委位序之尊卑，对真接异，必究所遇之轻重。虽同号真人，真品乃有数。俱自仙人，仙亦有等级千亿。若不精委条领，略识宗源者，犹如野夫出朝廷，见朱衣必令史。句骊入中国，呼一切为参军。岂解士庶之贵贱，辨爵号之异同乎。

关于道、佛两教学术的争执，当北齐之际已有正式下诏敕诸沙门与道士达者，如陆修静等，亲自校对法术理论的事实。及南朝梁武帝时代，道、佛两教的纷争，虽愈趋尖锐，但在修炼证真的思想与方法上，已经开始融通互会，渐次入于同流的趋势，名士如沈约、刘勰，隐士如何点、何胤。佛教法师如慧文、昙鸾等人，都是领导此一风气的人物。尤其如陶弘景对于道、佛两教的论断，当时已有极其深刻的名言，如其《答朝士访仙佛两法体相书》云：

至哉嘉讯，岂蒙生所辨。虽然，试言之：若直推竹柏之匹桐柳者，此本性有殊，非今日所论。若引庖刀汤稼，从养溉之功者，此又止其所从，终无永固之期。夫得仙者并有异乎此。但斯族复有数种，今且谈其正体，凡质象所结，不过形神，形神合时，则是人是物。形神若离，则是灵是鬼。其非离非合，佛法所摄。亦离亦合，仙道所依。今问以何能而致此仙，是铸炼之事极，感变之理通也。当埏埴以为器之时，是土而异于土，虽燥未烧，遇湿犹坏，烧而未熟，不久尚毁，火力既足，表里坚固，河山可尽，此形无灭。假令为仙者，以药石炼其形，以精灵莹其神，以和气灌其质，以善德解其缠，众法共通，无碍无滞，欲合则乘云驾龙，欲离则尸解化质，不离不合，则或存或亡，于是各随所业，修道进学，渐阶无穷，教功令满，亦毕竟寂灭矣。

中国文化，自上古至三代为一变，历商以至周代开国之初又为一大变。在春秋、战国时期又为一变，自秦、汉历南北朝至于唐初开国为一大变。渐次及于宋、元之际为一变，再由明、清两代至于现代，又为一大变。当魏晋南北朝时期文化巨变的主因，实因西北边疆民族的侵凌，以及佛教文化输入的刺激所引起。历时约经二百余年，佛经翻译，与佛教传布事业的开展，由教（宗教仪式）理（哲学根据）行（修证方法）果（实证圆成）有系统的移译，已渐次渗入成为中国文化思想的主流，且已普遍为国人所接受，而又加以融会阐述。因此渐有中国佛教各宗的兴起，一变印度佛教而成为中国的佛教，尤其融通儒、道两家思想而崛起为中国禅宗的成长，更促使南北朝服膺道教及笃信神仙修证者流相率努力，遂有综合儒、道、墨、法、名家等精要，而扩展为唐代以后道教的规模。然所遗憾者，自战国以来的道家传统，虽亦师弟相继，但皆时异势易，以隐秘秘传为能事，并无直接接受的踪迹可寻。故到南北之间，虽北有寇谦之，南有陶弘景，亦皆各自为政，不能联合统一，使其学术思想成为一贯而有具体的组织，以此与有传承严整的佛教相较，自然处处逊于一筹了。

第四章

道教的扩张

第一节　唐初开国与道教

一、唐高祖的尊奉道教

自古中外的宗教，其根本虽然都建立在群众的信仰上，但它的发展，大都仰仗帝王政权的崇奉而取得优势。如果宗教也可以范围于命运之说，则道教的命运，一至于唐初开国，实为鼎盛时期，此时不但在政治地位上，有所保障，且在民间信仰上，也足与当时的佛教分庭抗礼。道教从此稳定基础与展开后来的局面，全仗大唐天子与老子是同宗的关系，诚为不可思议的史实。

史称：当唐高祖（李渊）武德三年五月，据太原起家而称帝的时候，因晋州人吉善行，自言在平阳府浮山县东南羊角山（一名龙角山），见白衣老父曰："为吾语唐天子，吾为老君，吾尔祖也。"因此便下诏在其地立老子庙。及唐太宗当政以后，便正式册封老子为道教教主"太上老君"，从此唐代宗室宫廷，虽都信仰佛教，亦同时信奉道教不辍。到玄宗时代，老、列、庄三子之书，便正式改名为道教的真经：《老子》称为《道德经》，《列子》称为《清虚经》，《庄子》称为《南华经》。道教之隆，前无其盛。然其宗教仪式与内容，自南北朝以来，已受佛教影响，大多皆援用佛教制度而设置，至唐代更为明显，此亦古今中外，所有宗教，大都潜相仿效的常例。

玄宗虽随祖宗遗制，同时崇奉道、佛两教，且亲受道教法箓，具有道士的身份，从此开后来唐代帝王常有受箓的规矩，同时也使宠擅专房的杨玉环（贵妃）皈依道教，号为"太真"，开后来唐室内廷宫嫔出为女道士的风气。故中唐之世，宫廷内外。朝野名流，与女道士之间的风流绯闻，随处弥漫着文学境界的浪漫气息，例如女道士鱼玄机的公案，与诗人们赞咏怀思女道士的作品，俯拾皆是。

但道教在唐代虽然成为正式的宗教，并与佛教具有同时的政治地位，然自南北朝以来，道、佛两教的争竞，其势仍未稍戢。当初唐之际，互争尤烈，如史称唐初三教之争云：

> 武德七年二月丁巳，高祖（李渊）释奠于国学，召名儒僧道论义，道士刘进喜问沙门惠乘曰：悉达（释迦）太子六年苦行，求证道果，是则道能生佛，佛由道成，故经（佛经）曰：求无上道。又曰：体解大道，发无上心。以此验之，道宜先佛。乘曰：震旦之于天竺，犹环海之比鳞洲；老君与佛先后三百余年，岂昭王时佛而求敬王时之道哉？进喜曰：太上大道，先天地生，郁勃洞灵之中，炜烨玉清之上，是佛之师也。乘曰：按七籍九流，经国之典，宗本周易，五运相生，二仪斯辟，妙万物之谓神，一阴一阳之谓道，

宁云别有大道先天地生乎？道既无名，曷由生佛？《中庸》曰：率性之谓道。车胤曰：在己为德，及物为道，岂有顶戴金冠，身披黄褐，鬓垂素发，手执玉璋，居大罗之上，独称大道，何其谬哉！进喜无对。已而太学博士陆德明随方立义，偏析其要。帝悦曰：三人皆勍敌也。然德明一举辄蔽之，可谓贤矣。遂各赐之帛。

这是初唐开国时期，宗教在御前辩论的第一回合，参加主要的对象，是道、佛两教的重要人物，但其结论，却以儒家为主的陆德明作了公允的评判，而且最后折中，归之儒理。后来开始道、佛两教剧烈争竞的人物，虽然阴由宫廷的推波助澜，而主使其事，当推太史令（类似现代的天文台长等职）傅奕为主：

> 武德八年（乙酉）太史令庾俭，耻以术官，荐傅奕自代。奕在隋为黄冠（道士），甚不得志。既承革政，得志朝廷。及为令，有道士傅仁均者，颇闲历学，奕举为太史丞，遂与之附和，上疏请除释教事，十有一条。疏奏，不报。九年，太史令傅奕，前后七上疏请除罢释氏之教，词皆激切。后付廷议，宰相萧瑀斥奕为妄，且云：地狱正为此人设也。高祖复以奕疏，颁示诸儒，问出家于国何益？时有佛教法师法琳，作《破邪论》二卷以陈。

是岁夏四月，太子建成、秦王世民，怨隙已成，将兴内难，傅奕毁佛益力，乞行废教之请，高祖因春秋高而迟迟未决。及法琳等诸僧著论辩之，合李黄门《内德论》，同进之于朝。帝由是悟奕等誉道毁佛为协私，大臣不获已，遂兼汰二教，付之施行。五月辛巳，诏书有云：正本澄源，宜从沙汰，诸僧、尼、道士、女冠，有精勤练行，守戒律者，并令就大寺观居止，供给衣食，不令乏短。其不能精进无行业，弗堪供养者，并令罢道，各还桑梓。所司明为条式，务依教法，违制之坐，悉宜停断。京城留寺（佛寺）三所，观（道观）三所，其余天下各州，各留一所，余悉毁之。六月四日，秦王以府兵平内难，高祖以秦王为太子，付以军国政事。是月癸亥，大赦天下，停前沙汰二教诏。

由此可见道、佛两教的争竞，在初唐高祖时代，已经牵涉到宫廷内幕的大案，凡古今中外，宗教与政治，始终结为不解之缘，殊足发人深省。

二、唐太宗与道佛两教

贞观十一年，唐太宗到了洛阳，忽然对道、佛两教的地位，下了一道制立宪法式的诏书，又引起佛教徒的一次抗议，结果无济于事。他的诏书内容与事实经过，如史称：

帝幸洛京，下诏曰：老君垂范，义在清虚，释迦贻则，理存因果。求其教也，汲引之迹殊途。论其宗也，弘益之风各致。然大道之兴，肇于邃古，源出无名之始，事高有形之外，况国家先宗，宜居释氏之右。自今以后，斋供行位，至于称谓，道士女冠，可在僧尼之前。庶敦返本之俗，畅于九有，贻于万叶。诏书颁发，京邑沙门，各陈极谏，有司不纳。

唐太宗既以老子为祖宗，下了一道无须争辩的诏书，而佛教徒中，偏有一个不通时务的老实人，硬要与之力争教徒的政治地位，结果被流放于岭南而卒，由此而见宗教心理的强顽，可笑亦甚可敬。如云：

时有沙门智实者，洛下贤僧也。丰度隽颖，内外兼明。携诸宿德，随驾表奏于关口，其略曰：僧某等言：年迫桑榆，始逢太平之世。貌同蒲柳，方值圣明之君。窃闻父有诤子，君有诤臣，实等虽在出家，仍在臣子之列，有犯无隐，敢不陈云。伏见诏书，国家本系出自柱下，宗祖之风形于前典，颁告天下，无德而称。今道士在僧尼之上，奉以周旋，岂敢拒诏。寻其老君垂范，治国治家，所佩服章，初无改易，不立观宇，不领门人，处柱下以全真，隐龙德而养性，今道士等不遵其法，所著冠服并是黄巾之徒，实非老子之裔。行三张之鬼术，弃五千之玄言，反同张陵，谩行章醮，从汉以来，常以鬼道化于浮俗，托老君之后，即是左道之苗，若在僧尼之上，诚恐国家同流，有损国化。遂以道经及汉、魏诸史，佛先道后之事，具陈如左。太宗览表，壮其志为教，遣宰相岑文本论旨遣之。实固执不奉诏。帝震怒，杖实于朝堂，民其服，流之岭表而卒。初，实得罪，有讥其不量进退者。实曰：吾固知已行之诏不可易，所以争者，欲后世知大唐有僧耳！闻者莫不叹惜。

唐初开国，崇奉道教的动机与宗旨，纯出政治因素，是为攀宗引祖，以光耀帝王先世的门楣，初非如秦皇、汉武，或梁武帝等人，为求道成仙，以期长生不死为目的，亦非深究其教义学术，而有所轩轾于其间。然道教地位的确定，恰因此而深植根柢。后来唐太宗在贞观二十年间，佛教的名僧玄奘法师，自印度取经回国，从事佛经翻译的事业，大开译场，所有精神力量的支持，与经费的供给，亦全赖太宗的扶植。太宗与玄奘之间，虽是君臣，而情犹师友，他甚至想要说服玄奘还俗来作宰相，并且亲自为之制作著名的佛教文章——《圣教序》。虽在帝王专制的政治时代，但唐太宗对于宗教信仰自由的作风，非常通达而合理，也并不因为与老君同宗的关系就钦定道教而为国教。

自初唐两教互争地位之后,历世道、佛教徒,虽仍有小争执,但皆无关宏旨,且因高宗以后,禅宗的兴盛,道、佛合流的风气,已渐趋明朗,中国文化的会通,也因之奠定基础。肃宗以后,学术思想新兴的浪潮,由韩愈一篇《谏迎佛骨表》开始,遂转入唐以后的儒家与道、佛二氏的争论,促成南北宋间理学的崛起,已非南北朝时期两教争衡的局面了。佛教有会昌之难,因武宗年少不更事,对于宗教独有偏好之所致,但为时亦仅四五年,即告平息。诚如《新唐书》所云:

> 武宗毅然除去浮屠之法,甚锐,而躬受道家法箓,服药以求长年,以此知非明智之不惑者,特好恶不同耳。

第二节　新兴道教的吕纯阳

初唐时期,基于帝王宗室观念,虽尊奉道教在佛教之上,但自唐太宗贞观二十年以后,因玄奘法师留学印度归来,从事佛经的移译,使佛教学术与传教事业,由此普及朝野。高宗以后,佛教复展开为十宗学派,由此确立中国佛教的精神。禅宗的兴起,融会儒、道、佛三家精粹,阐明心法,譬如孔雀开屏,声光普耀,从此影响唐代文化,无微不入,虽门庭敌对如道教,亦已渐渐受其波动,互相援引挹注。道家隐士如孙思邈,一生修习神仙丹诀而兼通佛法。禅师一行,以佛教出家比丘而兼通道家的阴阳术数之学,以及天文、地理等学术,别创"大衍历"而成为一代宗师,玄宗敬以国师之礼。如宋代大儒欧阳修,虽其生平反对佛教最切,但对于一行禅师的生平,敬服备至。此皆举其素为人所习知荦荦大者而言,至于名山岩穴之士,隐迹仙人,尤不胜枚举。

晚唐以后,有吕纯阳真人,忽自崛起于道教之间,卓然特立,历宋、元、明、清千余年而至现代,几如太上老君的副亚。自元朝以来,又被尊封为"孚佑帝君",其声望之隆,震撼中外,可谓唐代新兴道教的革命神仙,殊非张道陵、寇谦之、葛洪、陶弘景等先知所及。

吕真人本传云:

> 吕岩,字洞宾,世为河中府永乐县人。曾祖延之,终浙东制度使。祖渭,终礼部侍郎。父让,海州刺史。贞元十四年四月十四日巳时生,母就蓐时,异香满室,天乐浮空,一白鹤自天飞下,竟入帐中不见。生而金形木质,道骨仙风,鹤顶龟背,虎体龙腮,翠眉层棱,凤眼朝鬓,颈修颧露,额润身圆,鼻梁耸直,面色黄白,左眉角一黑子,左眼下一黑子,筋头大如功曹使者状,两足下纹,隐起如龟。性敏,日记万言,矢口成文。既长,身长五尺二寸,喜顶华阳巾,衣白黄襕衫,系大皂绦,状类张子房。二十不娶。始在襁褓,

马祖（禅宗大师）见之，曰，此儿骨相不凡，自是风尘物表，他时遇卢则居，见钟则扣，留心记取。后游庐山，始遇火龙真人，传天遁剑法。自是混俗货墨于人间，号纯阳子。咸通中，举进士第，时年六十四岁。后游长安酒肆，见一羽士，青巾白袍，长髯秀目，手携紫筑，腰挂大瓢，书三绝句于壁。一曰："坐卧常携酒一壶，不教双眼识皇都。乾坤许大无名姓，疏散人中一丈夫。"二曰："得道真仙不易逢，几时归去愿相从。自言住处连沧海，别是蓬莱第一峰。"三曰："莫厌逗欢笑语频，寻思离乱可伤神。闲来屈指从头数，得到清平有几人。"洞宾讶其状貌奇古，诗意飘逸，因揖问姓氏，羽士曰：吾钟离其姓，权其名，云房其字。所居在终南鹤岭，可从予此行否？洞宾因随云房同憩肆中，云房自起执炊，洞宾忽欲昏睡，枕案遑假，梦以举子赴京，状元及第，始自州县小官擢朝署，由是台谏给舍、翰苑秘阁郎、曹从历诸清要，无不备历，升而复黜，黜而后升。前复两娶富贵家女，婚嫁蚤毕，孙甥振振，簪笏满门，如此几四十年。最后独相十年，权势薰炙，忽被重罪，籍没家资，分散妻孥，流于岭表，一身孑然，穷苦憔悴，立马风雪中，方此浩叹，恍然梦觉。云房在旁，炊尚未熟，笑曰：黄粱犹未熟，一梦到华胥。洞宾惊曰：君知我梦耶？云房曰：子适来之梦，升沉万态，荣悴多端，五十年间一顷耳，得失不足喜，丧何足忧，且有大觉，而后知此人间世事，真大梦也。洞宾感悟慨叹，知宦途不足恋矣。再拜曰：先生非凡人也，愿求度世术。云房诡曰：子骨节未完，志行未足，若欲度世，须更数世可也。翩然别去，洞宾怏怏自失，弃官归隐，云房自是十试洞宾皆过。一日，忽一人抚掌大笑而下，即云房也。谓洞宾曰：尘心难灭，仙才难值，吾之求人，甚于人之求吾也。吾十度试子皆过了，得道必矣，但功行尚有未完。吾今授子黄白秘方，可以济世利物，使三千功满，八百行圆，吾来度子。洞宾曰：所作庚辛有变异乎？曰：三千年后，还本质耳。洞宾愀然曰：误三千年后人，不愿为也。云房笑曰：子推心如此，三千八百，悉在是矣。因与洞宾叙其得道来历：曾遇苦竹真君，谓吾曰：汝此去游人间，若遇人有两口者，即汝弟子。吾后遍游山海，竟未见人有两口者，今详君姓，实符苦竹之托矣。又曰：君能从我游乎？洞宾因随之至鹤岭，授受将毕，忽有二仙，绡衣霞彩，手捧金简宝符云：上帝诏钟离权为九天金阙选仙使，谓洞宾曰：吾即升天，汝好住世间，修功立德，他时亦当如我。洞宾再拜曰：岩之志，异于先生，必须度尽天下众生，方上升未晚也。宋太祖建隆初，洞宾自后苑出对，上称朱陵上帝，以火德王天下，留语移时，语秘不传。上解赭袍玉带赐之，俄不见。上命绘像于太清楼，道录陈景元传其像于世。政和中，宫禁有祟，白昼现形盗金宝，奸妃嫔，独上所居无恙。自林灵素、王文卿诸侍宸等治之，息而复作，上精斋虔祷，奏祠凡六。一日昼寝，见东华门外有一道士，碧莲冠，紫鹤氅，手持水晶如意，前揖上曰：奉上帝命，来治此祟。良久，一金甲丈人，捉劈而啖之且尽。上问：丈夫何人？道士曰：此乃陛下所封，崇宁真君关羽也。上勉劳再四，复问：张飞何在？羽曰：张乃臣累劫兄弟，今已为陛下生于相州岳家，他日辅佐中兴，飞将有功焉。上问卿姓名，曰：臣姓阳，四月十四日生。梦觉录之，召侍宸言之，意其为洞宾也。自是宫禁帖然，遂诏天下，有洞宾香火处，皆正妙通真人之号，盖自此始。其词曰：朕嘉与民，偕之大道，凡厥仙隐，具载册书，而况默应祷祈，宜示恩宠。吕真人，匿景藏文，远迹游方，逮建福庭，适有寓舍，叹兹符契，锡以号名，神明俨然，尚垂昭鉴，可封妙通真人，塑像于景灵宫，岁时奉祀焉。

按：吕真人本传事迹，于史无据，纯出道教中人的自记，然千古相传，凡言道家神仙事者，皆奉为信籍而无疑义。《续道藏》并扩充易编而成为吕祖志。在宋元时代禅宗的记载，又有洞宾遇黄龙禅师的公案，言之凿凿，信佛者，皆奉此认为洞宾为同路人，信道者，则否认禅宗语录，认为妄诬,要皆无伤吕纯阳旷代名仙的事迹。而本传中亦言及禅宗马祖曾在洞宾儿时,许为异常人物,可见当时道、佛互涉,与吕纯阳后来创立融通道、佛的新道教,早已有其所本,又如据吕纯阳在江州望江亭的自记云:

吾京川人,唐末三举进士不第,因游江湖间,遇钟离子,受延命之术。寻又遇苦竹真君,传日月交拜之法。久之,适终南山,再见钟离子,得金液大丹之功。年五十,道始成。世多称吾能飞剑戮人者,吾闻之笑曰:慈悲者佛也。仙犹佛尔,安有取人命乎?吾固有剑,盖异于彼。一断贪嗔,二断爱欲,三断烦恼,此其三剑也。吾成道以来,所度者何仙姑、郭上灶二人,吾尝谓世人奉吾真,何若行吾行。既行吾行,又行吾法,不必见吾,自成大道。不然,日与吾游何益哉!

按:据此自记的内容,吕纯阳平常多作佛家语,其为融合道、佛宗旨方法而创新兴的道教,不待言而可知。又如吕纯阳之自著《丹诀百字铭》,融通道、佛修炼方法的精要,更为透彻,如云:

养气忘言守,降心为不为。动静知宗祖,无事更寻谁?真常须应物,应物要不迷。不迷性自住,性住气自回。气回丹自结,壶中配坎离。阴阳生返复,普化一声雷。白云朝顶上，甘露洒须弥。自饮长生酒，逍遥谁得知？坐听无弦曲，明通造化机。都来二十句，端的上天梯。

晚唐时期，新兴道教的吕纯阳真人，影响后来千余年而至于现代的道教，既深刻而又普遍，风国内外崇信道教的人，未有不尊敬祀奉吕祖为真正神仙，名山大泽之间，纯阳真人的祠庙，随处可见，每与佛寺浮图，山光水色，互争千古。善男信女，香花明烛，朝拜吕祖的胜迹，也到处皆是。柳宗元称韩退之为"匹夫而为百世师，一言足为天下法"。如援引其语，作为道教神仙吕纯阳的评价，亦有殊途同归的感觉，其为人中之雄，当无愧色。

元、明以后，民间流传的道教神仙故事，如"八仙过海"等传说，都是以吕纯阳为中心人物，八仙中汉代仙人钟离权，即为吕纯阳之师；唐代仙人李铁拐、张果老，为吕纯阳之友；何仙姑、韩湘子、蓝采和、曹国舅皆为吕纯阳的友弟辈。明、清以后，道家分派如南、北、西、东四派的仙师，也都以吕纯阳为其嫡传始祖。其望重千秋、功侔三清的气概，有使张道陵、寇谦之等人，为之减色不少。

总之，吕纯阳新兴道教的宗旨与传统，是以直接上承东汉时代正统道家魏伯阳的丹法为道统，大有摆脱道教的宗教形式而别具风格。若从纯粹的道家立场而言，以其比拟佛教禅宗的大师，如百丈、马祖、黄檗、临济师徒，并无逊色。由秦汉以来，迄于晚唐的道教，一向皆在鱼龙混杂、支离破碎的状态中。自吕纯阳以后，正统道家与道教，忽然别有一番面目。因此产生宋、元以后，道教各宗的道派与丹法，犹如禅宗在晚唐以后，兴起五家宗派的盛况，实在皆由吕纯阳新兴道教而开始。

第五章

道教的演变

第一节　宋初儒道归元的华山隐士陈希夷

　　唐末五代以后，华夷混杂，变乱相仍的局面，又造成历史的巨变。而在文化思想方面，佛教有禅宗的兴盛，涵融中印文化于一炉。道教除了前蜀有杜光庭的弘扬提倡，并撰作科醮，意造经文以外，因为有命世仙人吕纯阳的首倡，以沟通禅宗直指身心性命之学，与道家修炼生命之术，合而成为性命双修的丹道之故，渐已调和六七百年来道佛两教的争论而归于一致。自唐末到宋初百余年间文化思想的明争暗斗，已经不再是昔日道、佛两教间的争执，而是士大夫们新儒家学说振兴的结果，造成排斥佛、道两教学说为异端的思潮暴涨。到了宋太祖赵匡胤乘陈桥兵变登位以后，他以军人而兼学者的典型，酷好文学。加以宰相赵普的质朴无华，因少年失学，自己谦称"以半部《论语》治天下"的老实作风，早已种下开启宋代新文化运动的因缘。后来又有范仲淹的笃实纯朴，与大臣富弼等极力奖掖文人学士的自由讲学风气，致使两宋间五大儒应运而出，创建宋代儒家理学的宗派，使儒家走上比类宗教的途径，确立后世并称儒、释、道三家为中国文化主流的传统。质实言之，开创理学五大儒的思想，不是援禅讲理，如周敦颐、二程兄弟等，即是援道入儒，如朱熹、邵康节等。因此，又促成宋末元初道教的演变，而有王重阳、丘长春师弟们所建立的"全真道",足与唐代吕纯阳的新兴道教媲美千古,且与张道陵世系的天师道互争雄长。宋、元之间学术思潮的三家交织,使不学无术的大元帝室政权左右依违于三家文化的暗潮中,无法自主,仅数十年间,便促使其寿终正寝。此一原因,往往为古今研究中国文化学者所忽略,深资嗟叹!

宋初开国时期,阴受道家思想影响甚大,就中关系最深的人物,当推华山隐士陈抟(希夷)。但陈抟虽为后世道家尊为神仙的宗祖,其实他的学术路线是上承秦、汉以前儒、道本不分家的道学,大有异于唐末吕纯阳的丹道学派。陈抟亦为唐末的不第进士,因少怀大志,生当乱世,亦如隋朝的文中子王通,自有澄清天下之志,后来因年事日长,阅历学问加深,颇感时不我与,即归隐华山高卧,曾作诗以明其志,如云:"十年踪迹走红尘,回首青山入梦频。紫绶纵荣争及睡,朱门虽富不如贫。愁闻剑戟扶危主,闷听笙歌聒醉人。携取旧书归旧隐,野花啼鸟一般春。"后来听说赵匡胤陈桥兵变,黄袍加身,而被拥戴为帝王,遂额手称庆曰:"从此天下定矣。"因此人皆尊其有未卜先知之能。他的易经象数的"太极图"、"河洛理数"等学说,数传到后来的邵康节,而成就一位象数易学的千古通儒。同时又因他的"太极图"与河图、洛书、图像等的流传,致使周濂溪援取道家思想而作《太极图说》。朱熹因服膺邵康节的学术思想,乃致力学习道家的象数,而有明代国子监流传的监本《易经》及《周易集注》，与《周易》书本首先冠以太极图、河图、洛书等之推广。

从来神仙传记，传说颇多不同，关于陈抟的生平，也不例外，今略录其文，以为参考：

《宋史》本传：

陈抟字图南，亳州真源人。始四五岁，戏水岸侧，有青衣媪乳之，自是聪悟日益。及长，读经史百家之言，一见成诵，悉无遗忘，颇以诗名。后唐长兴中，举进士不第，遂不求禄仕，以山水为乐。自言尝过孙君仿麐、皮处士。二人者，高尚之人也。语抟曰：武当山九室岩可以隐居。抟往栖焉。因服气辟谷，历二十余年，但日饮酒数杯。移居华山云台观，又止少华石室，每寝处，多百余日不起。周世宗好黄白术，有以抟名闻者，显德三年，命华州送至阙下，留止禁中月余，从容问其术。抟对曰：陛下为四海之主，当以致治为念，奈何留意黄白之事乎？世宗不之责，命为谏议大夫，固辞不受。既知其无他术，放还所止，召本州长吏，岁时存问。五年，成州刺史朱宪陛辞赴任，世宗命赍帛五十匹，茶三十斤赐抟。太平兴国中来朝，太宗待之甚厚。九年复来朝，上益加礼重，谓宰相宋琪等曰：抟独善其身，不干势利，所谓方外之士也。抟居华山已四十余年，度其年近百岁，自言经承五代离乱,幸天下太平,故来朝觐,与之语,甚可听。因遣中使送至中书,琪等从容问曰:先生得元默修养之道,可以教人乎?对曰:抟山野之人,于时无用,亦不知神仙黄白之事,吐纳养生之理,非有方术可传,假令白日冲天,亦何益于世。今圣上龙颜秀异,有天人之表,博达古今,深究治乱,真有道仁圣之主也。正君臣协心同德、兴化致治之秋,勤行修炼,无出于此。琪等称善,以其语白上,上益重之,下诏赐号希夷先生,仍赐紫衣一袭,留抟阙下,令有司增葺所止云台观,上屡与之属和诗赋,数月放还山。端拱初,忽谓弟子贾德升曰:汝可于张超谷凿石为室,吾将憩焉。二年秋七月,石室成。抟手书数百言为表,其略曰:臣抟大数有终,圣朝难恋,已于今月二十二日化形于莲华峰下张超谷中。如期而卒,经七日肢体犹温,有五色云蔽塞洞口,弥月不散。抟好读《易》,手不释卷,常自号扶摇子,著《指元篇》八十一章,言导养及还丹之事。宰相王溥,亦著八十一章以笺其指。抟又有《三峰寓言》及《高阳集》、《钓潭集》诗六百余首。能逆知人意,斋中有大瓢,挂壁上,道士贾休复心欲之,抟已知其意,谓休复曰:子来非他,盖欲吾瓢尔。呼侍者取以与之,休复大惊以为神。有郭沆者,少居华阴,夜宿云台观,抟中夜呼令趣归,沆未决。有顷,复曰:可勿归矣。明日沆还家,果中夜祖母暴得心痛几死，食顷而愈。华阴隐士李琪，自言唐开元中郎官，已数百岁，人罕见者。关西逸人吕洞宾，有剑术，百余岁而童颜，步履轻疾，顷刻数百里，世以为神仙；皆数来抟斋中，人咸异之。大中祥符四年，真宗幸华阴，至云台观，阅抟画像，除其观田租。

庞觉《希夷先生传》：

先生姓陈名抟，字图南，西洛人。生于唐德宗时，自束发不为儿戏，年十五，诗礼书数及方药之书，莫不通究，及亲丧，先生曰："吾向所学，足以记姓名耳，吾将弃此游太山之巅，长松之下，与安期黄石论出世法，合不死药，安能与世俗辈汩没出入生死轮回间乎？"乃尽以家资遗人，惟携一古铛而去。唐士大夫挹其清风，欲识先生面，如景星庆云之出，争先睹之为快，先生皆不与之友。由是谢绝人事，野冠草服，行歌无止，日游市肆，若入无人之境，或上酒楼，或宿野店，多游京洛间。僖宗待之愈谨，封先生为清虚处士，乃以宫女三人赐先生，先生为奏谢书云："赵国名姬，后庭淑女，行尤妙美，身本良家，一入深宫，各安富贵，昔居天上，今落人间，臣不敢纳于私家，谨用贮之别馆。臣性如麋鹿，迹若萍蓬，飘然从风之云,泛若无缆之舸。臣遣女复归清禁,及有诗上浼听览。诗云:'雪为肌体玉为腮,深谢君王送到来。处士不生巫峡梦,空劳云雨下阳台。'"以奏付宫使,即时遁去。五代时,先生游华山多不出,或游民家,或游寺观,睡动经岁月。本朝真宗皇帝闻之,特遣使就山中宣诏先生。先生曰:"极荷圣恩,臣且乞居华山。"先生意甚坚,使回具奏其事。真宗再遣使赍手诏茶药等,仍仰所属太守县令,以礼遣之,安车蒲轮之异,宠迎先生。先生乃回奏上曰:"丁宁温诏,尽一札之细书,曲轸天资,赐万金之良药,仰荷圣慈,俯躬增感。谢云:臣明时闲客,唐室书生,尧道昌而优容许由,汉世盛而任从四皓,嘉遁之士,何代无之?伏念臣性同猿鹤,心若土灰,不晓仁义之浅深,安识礼仪之去就,败荷作服,脱箨为冠,体有青毛,足无草履,苟临轩陛,贻笑圣明,愿违天听,得隐此山。圣世优贤,不让前古,数行丹诏,徒烦彩凤衔来。一片闲心,却被白云留住。渴饮溪头之水,饱吟松下之风,永嘲风月之清,笑傲云霞之表,遂性所乐,得意何言。精神高于物外,肌体浮于云烟,虽潜至道之根,第尽陶成之域,臣敢仰期睿眷,俯顺愚衷,谨此以闻。"当时有一学士,以先生累诏不起,因为诗讥先生云:"只是先生诏不出,若还出也一般人。"先生复答云:"万顷白云独自有,一枝仙桂阿谁无。"后先生亦稀到人间。先生或游华阴,华阴尉王睦知先生来,倒屣迎之,既坐,先生:"久不饮酒,思得少酒。"睦曰:"适有美酒,已知先生之来,命涤器具馔。"既饮,睦谓先生曰:"先生居处岩穴,寝止何室,出使何人守之?"先生微笑,乃索笔为诗曰:"华阴高处是吾宫,出即凌空跨晓风。台殿不将金锁闭,来时自有白云封。"睦得诗愧谢。先生曰:"子更一年,有大灾,吾之来,有意救子,守官当如是,虽有数理亦助焉。"睦为官廉洁清慎,视民如子,不忍鞭扑,心性又明敏,故先生乃出药一粒曰:"服之可以御来岁之祸。"睦起再拜,受药服之。饮至中夜,先生如厕,久不回,遂不见。睦归汴,忽马惊坠汴水,善没者急救之,得不死。先生亦时来山下民家,至今尚有见者,今西岳华山有先生宫观,至今存焉。

宋初的道教,自陈抟以后,华山道派,又另自形成一系,实创自陈抟的道统,颇为纯正。

第二节　宋代的皇帝与道教

宋初立国,关于宗教的信仰,与宗教政治的地位,多承袭唐代的故事,虽无明令规定,但以现代语言之,都是信仰自由,对于道、佛两教,也是并尊共容的。但到真宗临朝，因失意于敌国，忽留心于宗教，异想天开，独在唐代宗亲道教教主的李老君之外，又捧出一位宋室同宗赵姓的来作圣祖，亲自提倡道教。由此开始，形成宋徽宗的笃信道士巫术等事，造成道教在宋史上的污点。其实，这是帝王玩弄宗教的肤浅权术，于正统道家无关。今据史实，约略引述宋朝帝王与道教的关系，辨明外国人研究中国的道教，误认道教是在宋代才正式建教的观念，并不确实。

一、宋真宗神道设教的动机

史云：

> 戊申，大中祥符元年，正月，有天书见于承天门，大赦，改元。帝自闻王钦若言，深以澶州之盟为辱，常怏怏不乐。钦若度帝厌兵，因谬进曰："陛下以兵取幽蓟，乃可涤此耻。"帝曰："河朔生灵，始免革兵，朕安忍为此，可思其次。"钦若曰："惟封禅可以镇服四海，夸示外国，然自古封禅，当得天瑞稀世绝伦之事乃可尔。"既而又曰："天瑞安可必得？前代盖有以人力为之者，惟人主深信而崇奉之，以明示天下，则与天瑞无异也。陛下谓河图洛书果有邪，圣人以神道设教耳。"帝沉思久之，曰："王旦得无不可乎？"钦若曰："臣谕以圣意，宜无不可。"钦若乃乘间为旦言，旦黾勉从之。帝尚犹豫，会幸秘阁，骤问直学士杜镐

曰:"古所谓河出图,洛出书,果何事邪?"镐老儒,不测上旨,漫应之曰:"此圣人以神道设教耳。"帝意乃决,遂召旦饮,欢甚,赐以樽酒,曰:"归与妻孥共之。"既归,发封,则皆美珠也。旦悟帝旨,自是不敢有异议。正月,乙丑,帝谓群臣曰:"去冬十一月庚寅,夜将半,朕方就寝,忽室中光曜,见神人星冠绛衣,告曰:'来月,宜于正殿,建黄箓道场一月,当降天书大中祥符三篇。'朕悚然起对,已复无见,自十二月朔,即斋戒于朝元殿,建道场以伫神贶。"适皇城司奏,有黄帛曳左承天门南鸱尾上,令中使视之,帛长二丈许,缄物如书卷,缠以青缕,封处隐隐有字,盖神人所谓天降之书也。旦等皆再拜称贺,帝即步至承天门,瞻望再拜,遣二内侍升屋奉之下,旦跪进,帝再拜受之,亲置舆中,导至道场,授陈尧叟启封,复命尧叟读之。其书黄字三幅,词类《洪范》《道德经》,始言帝能以至孝至道绍世,次谕以清净简俭,终述世祚延永之意。读讫,盛以金匮。群臣入贺于崇政殿,赐宴,遣官告天地宗庙社稷,大赦,改元。钦若之计既行,陈尧叟、陈彭年、丁谓、杜镐,益以经义附和,而天下争言祥符矣。独龙图阁待制孙奭言于帝曰:"以臣愚所闻,天何言哉,岂有书也。"帝默然。

己酉,二年,以方士王中正为左武卫将军。先是汀州(福建汀州府)人王捷,言于南康(江西赣州)

遇道人，姓赵氏，授以丹术，及小镮神剑，盖司命真君也，是为圣祖。宦者刘承珪以闻，赐捷名中正，得对龙图阁。既东封，加圣祖为司命天尊。授中正以官，恩遇甚厚。三司使丁谓并上封禅祥瑞图，于是士大夫争奏符瑞献赞颂。崔立独言水发徐、兖，旱连江、淮，无为烈风，金陵大火，是天所以戒骄矜也。而中外多上云雾草木之瑞，此何足以言治道哉！

史书到此，却下了一句"帝不省"之评语。其实真宗因失意于澶州之役，心烦意乱，无以对天下国家人民交代，遂在道教之外，另以神道设教的作法，用"封禅"崇道来掩饰内心的痛苦，及引开民间的怨恨心理。他自己内心有数，早已明白，只是当时作史的人，懵然不懂真宗的原意，反说为不省，未免可笑。

壬子，五年，以王钦若、陈尧叟为枢密使，丁谓参知政事，马知节为枢密副使。时天下乂安，王钦若、丁谓导帝以封祀，眷遇日隆。钦若自以深达道教，多所建明，而谓附会之。与陈彭年、刘承珪等，搜讲大典，大修道教宫观，以林特有心计，使为三司使，以干财利。五人交通，踪迹诡秘，时人号五鬼。冬十月，帝言圣祖降于延恩殿。语辅臣曰："朕梦神人传玉皇之命云：'先令汝祖赵玄朗授汝天书，今令再见汝。'翌日,复梦神人传圣祖言:'吾座西,斜设六位以候。'是日,即于延恩殿设道场,五夜一筹。先闻异香。顷之,圣祖至,朕再拜殿下。俄六人至,揖圣祖,皆就座。圣祖命朕前曰:'吾人皇九人中一人也,是赵之始祖。'即离座乘云而去云云。"王旦等皆再拜称贺,诏天下,肆赦加恩。闰月,上圣祖及圣母尊号。十一月以王旦兼玉清昭应宫使,作景灵宫,奉圣祖。改孔子谥,以玄字犯圣祖讳,改玄圣为至圣。

甲寅,七年,正月,帝如亳州,谒老子于太清宫。加号太上老君,混元上德皇帝。己未,天僖二年,大会道、释于大安殿。壬戌,乾兴元年,丁谓有罪贬官,时逮常出入谓家女道士刘德妙鞠问之,德妙言:"丁谓尝教之曰:'汝所为不过巫事,不若托老君言祸福,足以动人。'谓又为作颂,题曰《混元皇帝赐德妙》云云。"

由以上简略征引,已可窥见宋代的道教,因为帝王作政治权术的运用,已大异其趣。唐初开国,崇奉道教,由唐太宗的诏书,坦然说明李老君为同宗远祖的动机,毫无妄诈的意图,其主义可谓非常纯正,故终唐之世,一变历来正邪混俗的道教,而归于正式宗教之正途。宋代自真宗以后的道教,依据史乘的实录,远逊唐代建立道教的宗旨,因此更见唐太宗的英明睿智,并非偶然。同时可见北宋末

期,深受宗教之祸,也非偶然。但因真宗与王钦若提倡道教的作为,在道教史上,建有两件大事。如:

(一)张天师世系的确定

乙卯,祥符八年,秋九月,赐信州道士张正随号真静先生。初,汉张鲁子,自汉川(汉中府)徙居信州(江西广信)龙虎山,世以鬼道化众,正随其后也。至是召赴阙,赐号。王钦若为奏立授箓院,及上清观,蠲其田租。自是凡嗣世者,皆赐号。

(二)道教名著汇书《云笈七籤》的完成

真宗天禧三年,因提倡道教,故欲校正道书,王钦若等即推荐道士张君房司其事。君房据当时所存《道藏》,撮取其中的大要,纂编成《云笈七籤》一书,共计一百二十二卷,足与佛教的汇书《法苑珠林》相提并论,都是很好的宗教汇编之大作。所谓"七籤"的定义,以道教的天宝君所说洞真部为上乘;灵宝君所说洞玄为中乘;神宝君所说洞神为下乘。又以太玄、太平、太清三部为辅经;以正一、法文、遍陈三乘另作一部,依此类分名为"七籤"。

二、道君皇帝宋徽宗

宋朝由真宗开始以神道设教为政治目的,自己假托梦寐,捧出神仙赵玄朗作为道教的圣祖,利用群众心理,使举国上下,醉心宗教情绪,借此掩饰对北方军事外交上的失败。真宗即此一念种因,产生后来徽宗沉湎道术,迷信巫师们假托鬼神的扶乩邪术,想靠天神的保佑来阻止敌国的侵略,终至身为俘虏,国破家亡。由此可见,历史事实的教训:凡是利用宗教作为愚民政治的治术,其后果如何,不待辩而可知。幸而自真宗以后,历仁宗、英宗、神宗、哲宗四朝,头脑都比较清醒,并不效法神道设教的政策,加以有大臣如王旦、王曾、范仲淹、寇准、富弼、司马光、文彦博、欧阳修等名贤相辅,才使北宋的赵家天下,还能做到形似升平的局面。但在学术思潮方面,虽有新儒家理学的兴起,而在思想的辩证上,除了笼统地排斥佛、老,并驳二者为异端之外,士大夫们完全偏重辟佛,其敢于正视诤谏、认真辩证正统道家的文化思想者,并不多见。据此更足以窥见朝廷内定的国家政策,常牵涉到帝室的宗祖观念,虽自以正思正言相标榜如理学家们,亦只有噤若寒蝉,不敢赞其一辞。历来学者研究宋代文化学术,与理学家们的思想言论,都忽略这一关键所在,积非成是,习于因袭而缺乏明辨的卓见,最为遗憾。

宋代自哲宗以后,帝室内廷,足为明主的英才衰落已甚,哲宗因无子嗣,死后其弟端王继位,即是有名的道君皇帝宋徽宗。徽宗的禀赋,具有艺术与文学的天才,风流倜傥,富于浪漫的情调。如果他生在宋太祖或高宗时代,有宫廷的培养,安分为王,必定可以成为负有一代权威的文学家或艺术家。不幸的是，他却登上皇帝的宝座，他既做了皇帝，便听从道士魏汉津言，铸九鼎，奉安于九成宫。又酷好玩弄花石，极力索取浙中的珍异以供鉴赏，派遣供奉官童贯，赴江浙一带，访求书画以及奇巧的手工艺等物，便引出司理道教之道士官徐知常的布置推荐，起用蔡京。如史所载：

> 供奉官童贯，性巧媚，善择人主微旨，先事顺承，以故得幸。及诣三吴，访书画奇巧，留杭累月。蔡京与之游，不舍昼夜，凡所画屏障扇带之属，贯日以达禁中，且附语论奏于帝所，由是帝属意用京。左阶道录徐知常，以符水出入元符皇后所，太学博士范致虚与之厚，因荐京才可相。知常入宫言之，由是宫妾宦官，众口一词誉京，遂起京知定州。

（一）宋史所载徽宗崇道的经过

从此以后，蔡京与童贯，互相汲引，利用道士们以阿附徽宗的宗教心理，使其误入歧路，偏向幻想境界，与多难兴邦的现实情况，距离愈远。如史载：

> 政和三年，九月，赐方士王老志号洞微先生，王仔昔号通妙先生。濮人王老志，初为小吏，遇异人授以丹，遂弃妻子，结草庐田间，为人言休咎，多验。

太仆卿王亶以名闻，时帝方向道术，乃召至京师，馆于蔡京第，尝缄书一封至帝所，启视，乃昔岁秋中与乔刘二妃之语也。由是益信之，号为洞微先生。朝士多从求书，初若不可解者，卒应什八九，其门如市，逾年而死。洪州人王仔昔，初隐于嵩山，自言遇许逊，得大洞隐书豁落七元之法，能道人未来事。京荐之，帝召见，赐号冲隐处士，进封通妙先生。由是道家之事日兴，而仔昔恩宠寖加，朝臣戚里，夤缘关通。冬，十一月，祀天于圜丘，以天神降诏百官。十二月，诏求道仙经于天下。

癸巳，是年四月，玉清昭阳宫成，奉安道像，上诣宫行礼。七年，改玉清神霄宫。时道教之盛，自道士徐知常始，赐号冲虚先生；徐守信赐虚静先生；刘混康赐葆真观妙冲和先生，后并赐太中大夫。十一月癸未，郊，上缙大珪执元珪，以道士百人执仪卫前导，置道阶凡二十六等，先生处士八字六字四字二字，视中大夫，至将仕郎级。重和初，别置道官，自太虚大夫，至金坛郎，凡十六等。同文臣，中大夫至迪功郎。道职自冲和殿侍宸，至凝神殿校经，凡十一等。侍宸同侍制，检籍同修撰，校经同直阁，皆给告身。

（二）平步青云的道士林灵素与道君皇帝

当徽宗崇信道教的时期，或以妖言惑众而取信于当道，或以异术奇能而见宠于朝廷，形成一代取得功名捷径的风气，除如王老志等人外，在号为道教中人，而异军突起，骤然至于帝师之位，其遭遇之奇，有胜于北魏时期的寇谦之者，莫过于徽宗时代的林灵素。且道教在宋代以后，对于天神之间的地位关系，产生一种新的说法，亦自林灵素开其先河。如史云：

丙申，六年，春，正月，赐方士林灵素广通真灵先生。灵素，浙江温州人。少从浮屠（佛教出家僧），苦其师笞骂，去为道士，善妖幻，往来淮泗间，及王老志死，王仔昔宠衰，帝访方士于左道箓徐知常。知常以灵素对。即召见赐号通真达灵先生。改温州为应道军。灵素本无所能，惟稍习五雷法，招呼风霆，闲祷雨，有小验而已。

灵素大言曰：天有九霄，而神霄为最高治府。神霄玉清王者，主南方，号称长生大帝君，陛下是也。既下降于世，其弟号青华帝君者，主东方，摄领之。又有仙官八百余名，今蔡京，即左元仙伯。王黼，即文华使。郑居中、童贯等，皆有名而已，即仙卿褚慧下降，佐帝君之治时。刘贵妃方有宠，灵素以为乃九华玉真安妃。帝心独善其事，益加宠信。并从其言，立道学。

按：巫术之妖言惑众者，常许人以上界星神下凡为谀辞。人情大抵皆喜誉己而恶忠言，故术者可邀人之宠信。

二月，作上清宝箓宫成。

按：世传的扶乩等术，亦于此时最为兴盛。

丁酉，七年，春，二月，帝幸上清宝箓宫，命林灵素讲道经。时道士皆有俸，每一观，给田亦不下数百顷。凡设大斋，辄费缗钱数万。贫下之人，多买青布幅巾以赴，日得一饮餐，而衬施钱三百，谓之千道会。且会士庶人听灵素讲经，帝为设幄其侧，灵素据高座，使人于下再拜请问。然所言无殊绝者，时时杂以滑稽媟语，上下为大哄笑，莫有君臣之礼。

按：灵素新创的道教讲经法会，其规模制度，皆仿佛教组织而来。且曾一度怂恿徽宗，下令江浙一带，夺改佛教寺院为道观，盖为报为僧时被其师笞责之恨也。

四月，道箓院上章册帝为教主道君皇帝。

按：此即等于道教教会给予皇帝的封号，隐有宗教超乎帝王政权以上的意味。

十二月，帝言大神降于坤宁殿，作万岁山。帝以未得嗣子为念，道士刘混康以法箓符水，出入禁中。言京师西北隅，地协堪舆，倘形势加以少高，当有多男之祥。始命为数仞冈阜。已而后宫生子渐多，帝甚喜，始笃信道教。至是，又命户部侍郎孟揆于上清宝箓宫东，筑山以像余杭之凤凰山，号曰万岁。

庚子，二年，春，正月，罢道学。林灵素有罪，放归田里。灵素初与道士王允诚共为神怪之事，后忌其相轧，毒杀允诚，遂专用事。及都城水，帝遣灵素厌胜，方步虚城上，役夫争举梃，将击之，走而免，帝始厌之。然横恣愈不悛，道遇皇太子弗敛避，太子入诉于帝。帝怒，以灵素为太虚大夫，斥还故里，命江端本通判温州，察之。端本廉得其居处过制罪，诏徙置楚州。命下，而灵素已死。

道士林灵素以妖妄异术，见宠徽宗，权势地位，皆盛极一时，但仅五六年间，即失势而死。且观其事迹，较之历代正统道家的神仙方士，能够全始全终，足为千秋敬仰者，相去不可以道里计。灵素所用的道术，原出于道教雷部法术的一部分，自唐末即盛行于闽浙一带，温州与闽北尤盛，直至民国初年，仍有存者。这一派的法术，略近于湖南辰州派的符箓，并非道教法术中的太清大法。然灵素虽以妖异得宠，也因妖言而亡。而自灵素倡"九霄天神"之说以后，使道教于天道观念，更加一层迷惑。元代以后，其说一直流行于道教中，积重难返，只好追认。又因灵素为温州人，特别捧上一位同乡的天神温太保，作为道教的护法神，温太保从此即在道教中，永远具有役使鬼神的权威地位。天神之际，亦深植乡土观念，宁非异事，毋怪人间多重戚故，更无足为怪了。

道君皇帝宋徽宗的崇信王老志、林灵素等的道教，已远非唐代尊崇信仰道教的宗旨，其在幕后导演此一历史性的宗教事件，实际为童贯、蔡京，以及左街道箓徐知常等的政治作用，徽宗唯兴之所至，一如沉湎于金石书画的心理，固自不知所云而为之而已。然而身当国家第一领导的帝王，如果政治思想缺乏聪明睿智的哲学基础，随便一念起因的差错，往往会导致万劫不复的结果，此乃为天经地义不易的法则。徽宗陷溺邪术——并非正统的道教，因之流风遗毒，一直影响到他的儿子钦宗手里，更演出不可收拾的悲剧。如史载靖康事实云：

> 以郭京为成忠郎，选六甲兵以御金。初于龙卫中得京，但因好事者言京能使六甲法，可以生擒金二将而扫荡无余。其法用七千七百七十七人。朝廷深信不疑，命以官。赐金帛数万，使自募兵，无问技能与否，但择年命合六甲者。所得皆市井游惰，旬日而足。敌

攻益急，京谈笑自如云：择日出兵，三日可致太平，直袭击至阴山乃止。孙傅（尚书右丞）等尤尊信之。另有人所募众，或称六丁力士，或称北斗神兵，或称天阙大将。大率效京所为。识者危之。京尝曰：非至危急，吾师不出。事急，迫郭京出御金军，败走，京城陷。帝如金营请降，从此徽钦父子，均为俘虏。

每读史，至宋代徽钦父子昏庸之处，深感当时所谓新儒家的理学家们，何以无一人犯颜诤谏，揭示齐家治国平天下的大计？岂真所为只以做到"平时静坐谈心性，临危一死报君王"就此便是学问吗？至于佛家的禅师们，当此时期，更是高蹈远引，息影山林，不干与天下兴亡的大计，虽有南宋高宗（康王）时代的大慧宗杲禅师，与岳飞、张九成翁婿暗通声气，但也为时已晚。总之，中国文化的三教精神，在南宋末期历史的，除了文天祥、陆秀夫以外，都甚减色，岂独道教而已哉！

第三节 正统道教南宗的崛起

一、张紫阳的丹道

宋代自真宗开始崇信道教以后，正统道家因唐末吕纯阳之肇始，已经迈入道、佛合一，禅、道同参的正统丹道途径。儒家有新兴的理学，禅宗有五家的宗风，道家有丹道的嫡传，从唐代以来，中国文化主流的儒、释、道三家，都有更新的运动，在学术思想上，应该算是一个别开生面的时期。北宋时期，正统道家嫡派丹道的中心人物，即是后世道教所称南宗丹道祖师的张紫阳。紫阳著有《悟真篇》行世，与东汉时代魏伯阳所著的《参同契》，合为正统道家千古丹经的名著。他以天地为炉鼎，身心为药物，涵容性命双修，撮取道、佛两家修炼的宗旨与方法，以诗词体裁，一一叙说工夫境界的程序，一洗历来东猜西摸，迷离扑朔丹道修炼方法的疑虑。尤其他以《西江月》的词体，写出南方禅宗所标榜明心见性，立地成佛的境界，与唐末以后正统道家见道、成道的精神，完全符合，最为警醒有力。后来历传至白玉蟾、彭鹤林等，即为明、清以后道家所尊的南宗七祖。

所谓"南宗"，即以紫阳真人为代表的传统，公认其为主张性命双修的丹法。北宗，即以丘长春所创道教龙门派的传统，相传为专主修性的道家丹法。而南宗在明、清以后，又另有传说，认为是主张男女合藉双修的丹法，于是穿凿附会，阴阳交配，房中采战之术，亦皆附庸于《参同》、《悟真》的著述，标示确有师承根据以图蒙混，诚为紫阳真人始料所不及。但紫阳一派，传至清代，却得一帝王知己的雍正，为他所著的《悟真篇》作序，大加称扬，亦是紫阳真人始料所不及。

《临海县志》云：

宋，张用诚，邑人，字平叔。为府吏，性嗜鱼，在官办事，家送膳至，众以其所嗜鱼戏匿之梁间。平叔疑其婢所窃，归扑其婢，婢自经死。一日虫自梁间下，验之，鱼烂虫出也。平叔乃喟然叹曰："积牍盈箱，其中类窃鱼事，不知凡几！"因赋诗云："刀笔随身四十年，是非非是万千千。一家温饱千家怨，半世功名百世愆。紫绶金章今已矣，芒鞋竹杖任悠然。有人问我蓬莱路，云在青山月在天。"赋毕纵火，将所署案卷悉焚之。因按火烧文书律遣戍。先是郡城有盐颠，每食盐数十斤，平叔奉之最谨，临别嘱曰："若遇难，但呼祖师三声，即解汝厄。"后械至百步溪，天炎，沿溪中遂仙去。至淳熙中，其家早起，忽有一道人进门坐中堂，叩其家事历历，随出门去。人以平叔归云，百步岭旧有紫阳真人祠，扁云：紫阳神化处。今废。

《山西通志》云：

张伯端，天台人，少好学，晚得混元之道。宋神宗熙宁间，游蜀，遇刘海蟾授以金液还丹之诀，乃改名用诚，字平叔，号紫阳山人。英宗治平中，随龙图陆公，寓桂林后，转徙秦陇，久之，访扶风马处厚，默于河东，乃著《悟真篇》授处厚曰："平生所学，尽在是矣。愿公流布此书，当有因书而会意者。"元丰五年夏，尸解而去，住世凡九十九岁。弟子用火烧化，得所谓耀金姿者千百粒，大如芡实，色皆绀碧。后七年，刘奉真遇紫阳于王屋山，留诗而去。紫阳尝谓己与黄勉中、维扬于先生皆紫微星，号九皇真人，因误校勘劫运之籍，遂谪人间。今紫微垣光耀可见者，六星而已，翼城紫阳宫即其修炼处。

《陕西通志》云：

张用诚，号紫阳，尝有一僧修成定慧，能入定出神，数百里间顷刻即至，与紫阳雅志契合。一日，紫阳曰："禅师今日能与远游乎？"僧曰："可，愿同往扬州观琼花。"于是同处静室，相对瞑目趺坐出神。紫阳至时，僧已先至，绕花三匝。紫阳曰："可折一花为记。"少顷欠伸而觉。紫阳曰："禅师琼花何在？"僧袖手皆空。紫阳乃拈出琼花，与僧把玩，弟子问曰："同一神游，何以有有无之异？"紫阳曰："我金丹大道，性命兼修，是故聚则成形，散则成气，所至之地，真神见形，谓之阳神。彼之所修，欲速见功，不复修命，直修性宗，故所至之地，无复形影，谓之阴神，神不能动物也。"元丰五年夏，趺坐而化，寿九十有九。

二、白玉蟾与朱熹

南宗丹道至于北宋末期，负传承的道统者，即是白玉蟾。白玉蟾隐于福建武夷山潜修，从之日众。其时朱熹亦正在武夷讲学，彼此师弟之间，互有往来。朱熹外示儒术，内慕道法，屡次想从白玉蟾处讨教丹道，都被白玉蟾婉转拒绝，犹明代王阳明问道于道人蔡蓬头，几遇呵斥，如出一辙。朱熹晚年化名崆峒道士邹䜣，竭力研究《参同契》而无所获，引为终生遗憾，后来虽有白玉蟾的启示，却碍于一代儒学宗师的身份，不能诚恳谦虚请教，所以始终不得其门而入。陶弘景所谓："神仙有九障，名居其一。"甚矣，名心之难除，良可慨叹！

《续文献通考》云：

> 白玉蟾，名葛长庚，母以梦呼玉蟾，琼州人。年十二，举童子科于黎母山中，遇异人授洞元雷法。后居武夷山，尝自赞曰："千古蓬头跣足，一年服气餐霞。笑指武夷山下，白云深处吾家。"嘉定中，诏征赴阙，对御称旨，命馆太乙宫，一日，不知所在。后往来名山，入水不濡，逢兵不害，神异莫测，诏封紫清明道真人，有《上清》《武夷》二集行世。玉蟾自号海琼子，或号海南翁，或号琼山道人，或号螾庵，或号武夷散人，或号神霄散叟。人云尸解于海丰县。

《九江府志》云：

　　白玉蟾，琼州人，姓葛，名长庚。尝任侠杀人，亡命之武彝，事陈泥丸为道士，自称灵虚童景洞天羽人。善幻，好诡诞之行，往来庐山间，挥洒文墨，信笔而成。山南北诸佳胜，并有题咏，而太平宫为多，嘉定己未冬解化，赐号养素真人。

第六章
宋元时期新兴的道教

第一节 北宋道教全真道的建立

道教自北宋之末,有南宗丹道的崛起,禅、道合一的途径,已极其明朗。到南宋时期,在北方的民族,长期受困于辽、夏、金、元的动荡局面,国家民族感情,与传统文化精神交相激发,便有王重阳、丘长春师徒的全真道的建立,一变历来神仙方士、符箓法术的道术,提倡敦品励行,修心养性的渐修教化,成为黄河南北声势显赫的新兴道派,威名远布。他们与成吉思汗,及元朝开国之初的政策,并元代以后的道教,都有极大的关系。明、清以后的道教,即以全真道为其中坚骨干,是为开北宗龙门派的翘楚。全真道的学理与方法,完全近于禅宗北宗渐修的路线,而且又富有儒家与宋代新兴理学家的精神。他们生当衰乱之世,华夏丘墟,以民间讲学传道的姿态,尽力保持国家民族文化的元气与精神,可谓用心良苦,功德无量,而古今学者,依样画葫芦,一律指为释老的异端,管窥陋见,卑不足道,实在有点辜负圣贤,非常可笑。

一、创始全真道的祖师王重阳的事迹

当宋徽宗政和二年间(公元一一一二年),这位皇帝正在玩他那一套书画、蹴球、修炼神仙道术的时候,在陕西的终南山下刘蒋村中,便出了一位为后世道教全真道的祖

师王重阳。他原名中孚，字允卿。后来修道，改单名为嚞，字知名，道号曰重阳。他自幼便慷慨好义，不拘小节。而且在二十岁左右，便中过进士，很有文名。到了徽、钦二帝做了金人的俘虏，金人又利用刘豫称齐王，定都山西大名府的时期，由此便结束了北宋的王朝，也是南宋的开始。他在这一段时期，故国家园都算完了，如本传称："当南宋建炎四年，金太宗天会八年，封刘豫为王，国号齐，改元为阜昌初年。抚治河外，不及于秦，岁屡饿，人至相食。时咸阳醴泉，惟师家富魁两邑，其大父乃出余以周之，远而不及者，咸来劫取，邻里三百户，余亦因侵之，家财为之一空。有司率兵捕获，将置之法。师曰：乡人饿荒，拾路所得，吾不忍置之死地。有司贤之，遂释不问，人服其德。金海陵炀王正隆四年，师忽自叹曰：孔子四十而不惑。孟子四十而不动心。予犹碌碌如此，不亦愚乎？自是之后，性少检束，亲戚恶之曰：害疯来。师受而不辞。关中谓狂者为害疯。"因此便自叫自己曰王害疯。不久，便遇吕纯阳化身的点化，就修道了。

本传又说他此后五年中秋，再遇吕纯阳于醴泉。"师趋拜之。众笑言曰：是害疯。安得识真仙师？其人邀师饮。师问其乡间年姓。答曰：濮州人，年二十二，而不告其姓。留秘语五篇，令师读毕焚之。且曰：去东海，投谭捉马。已而，俄失所在，师乃捐弃妻孥，送次女于姻家，竟委而去。行乞于庵社终南间，举止亦若狂。人莫测也。后别构庵于南时村，起封高数尺，圹深丈余，以活死人目之。又号曰：行菆。以方牌挂其上，书云：王害疯灵位。自作歌曰：'活死人兮王疯乖，水云别是一般谐。道名唤作重阳子，谑号称为没地埋。来者路不忘怀，行赞须是挂灵牌。'又于庵四隅，各植海棠梨一株。同庵和公，怪而问之？师曰：吾欲使他日四方教风为一，亦如此。""俄一夕，自焚其庵，村里惊救之。师方舞跃而歌曰：'数载殷勤，谩居刘蒋，庵中日日尘劳长，豁然真火蓦然开，便教烧了归无上，奉劝诸公，莫生悒怏，我咱别有深深况，惟留灰炉不重游，蓬莱路上知往来。'"

他从此携罐行乞东行，当金世宗大定七年间（公元一一六七年），便到了山东的登州，那时山东属于金国的地方，并非南宋所有。他在宁海的儒者范明叔家，遇到了当地的富豪马宜甫，就是后来重阳门下，称为七真的首徒马丹阳。本传说：

> 初宜甫梦其南园一鹤从地涌出，师至，同师择地立庵，师指鹤起处，命名全真。全真之名，始于此矣。师欲挽之西游，宜甫家赀巨万。久而未决，其室孙氏尤难之。

他住到马宜甫的家里去，故意显示神异来感动他们，宜甫夫妇便弃家修道了。师为他改名钰，字玄宝，号丹阳子。同时又收了谭玉、王处一、郝升等。本传说：

> 谭玉者，以宿疾来见，师始拒之。玉固请为弟子，留宿庵中，其疾顿愈。玉遂黜其妻子而从之。师名以处端，字通正，号长真子。继有王公者，居半仙山。闻师至，来谒，问答有得，遂师礼之。后往铁查山云光洞。师飞盖致其名号，名处一，号伞阳子。日者郝升，深于易，卖卜于市，师入其肆，背而坐焉。升曰：请公回头。师应声曰：君何为不回头耶？升悚然异之。从至朝元观。师授之二词，以发至意。升大感悟，乃执弟子礼。从至烟霞洞。赐名曰璘，号恬然子。

在这一段期间，他率领门人到昆嵛山，发现烟霞古洞，说是其先世修道的所在。在此又收了一位弟子，便是丘长春，为以后创建弘扬全真道的祖师，曾经为道教及元朝统一中国初期的社会，做了许多福利事业的超人。本传说：

> 栖霞丘公，年十九。虽已入道，未知所从，盘桓昆嵛。闻师在全真庵，因投谒于斋次。师知其为远器，赠之以诗，赐名处机，字通密，号长春子。自此门人颇集，师以骂詈笞捶磨炼之，稍稍散去。笃志不变者，惟马、谭、丘而已。……师尝顾丘长春曰：此子异日地位非常，必大开教门者也。

当金大定九年四月间，宁海周伯通，请师到其家，创立金莲堂，与金莲会。同时他又感化了马钰之妻孙氏，赐名不二，号清静散人。所以后世称全真道的七子，又有称为金莲正宗的。在这一段时期，他又在莱州设立平等会，由此远近闻风，参加入会的便有千余人了，他自作榜文云：

平等者，道德之祖，清静之元，为玉华金莲之根本，作三光七宝之宗源。普济群生，偏拔梨庶。人人愿吐于黄芽，个个不游于黑路。玉华者，乃气之宗。金莲者，乃神之祖。神是气之子，气是神之母。子母相见，得为神仙。然则，有真功真行，澄心定意，抱元守一，存神固气，真功也。修仁蕴德，济贫拔苦，先人后己，与物无私，真行也。

又自作有《金莲定分疏》、《开明疏》、《三光疏》、《玉华疏》、《平等会规矩》及诸诗篇等。其余理论，则见于他们弟子们所集的《重阳立教十五论》一书。

这一段时期，他多往来于登州、莱州之间，并且也到过南京，但都是在金国的范围，并没有到南宋来过（那时南京属于金十九路，南京留守司治开封）。同时又收了刘处玄为徒，号长生子。于是马丹阳、谭长真、刘长生、丘长春、王伞阳、郝恬然、孙不二，都归教席，"七真"之名，从此兴盛。到金大定十年正月四日坐化,享五十八。到元朝至元六年己巳正月,元朝追褒为重阳全真开化真君,有遗文及全真前后《韬光集》行世。他临殁的时候,嘱戒弟子勿哭,自己作颂说:"地肺重阳子,呼为王害疯。来时长日月,去后任东西。作伴云和水,为邻虚与空。一灵真性在,不与众心同。"他颂毕而坐。弟子们恸哭失声,他忽又开目说:"何至于此?"便再嘱马丹阳等后事,"付之密语,勿轻传之",并且要马丹阳到关西教化他的乡人。后来马丹阳等四人,扶师灵柩,归葬终南山下刘蒋村,而且庐墓三年,如丧考妣。然后才各散处四方,各从所志。马丹阳便嗣其教化。

从开创全真道的祖师王重阳的事迹看来,如果推开神仙的道业而不谈,另从国家民族兴亡的角度,来看衰乱时代中仁人志士的用心,便会使人发生无限的感慨。假使用历史的观点来追论,如中国的老子、孔子、孟子、庄子、列子,印度的释迦牟尼佛、龙树菩萨、马鸣菩萨,希腊的苏格拉底(Socrates)、亚里士多德(Aristotle)、柏拉图(Plato),犹太的耶稣(Jesus),阿拉伯的穆罕默德(Muhammed),有的在哲学上名垂万古,有的在宗教上与天地同休,他们建立了不世的功业。但是,这些伟大的超人们,生当其时,没有哪一个不是遭逢时世的衰乱,由于政治、社会衰败的反应,而另觅人生究竟的道路而来的。至于借此而寄情物外,将一片悲天悯人的血泪,洒向虚空的,其心尤可令人肃然起敬。

少年的王重阳,是一个有丰富学问的人,而且任侠重义,豪气凌云。他生当衰乱之世,自己眼见要遭遇到亡国灭种的痛苦,况且正当"南渡君臣轻社稷"的时代。时势环境迫得他无力挽回绝对的颓势,便只有创教立宗,以保持文化精神在宗教社会之间了。所以他便不得不自己活埋,号为"活死人"和"疯子"。至于说他所遇的师父,是吕纯阳的化身,命他向东去创教,又吩咐他密语,他临死又吩咐马丹阳密语。如果除开嘱咐修道的秘诀外,谁能证明七百年前,他们师徒所说的是什么?究竟是为道或为国?自然都是疑案了。总之,没有哪一个宗教的教主,和以学术思想自任的大宗师们,是绝无用世之心的人。只是不像英雄们有治世取天下之心,而却都有救世平天下之志。不过所走的路线,和所取的目的和方法,各有不同而已。例如宋人有反游仙诗说吕纯阳的:"觅官千里赴神京,得遇钟离盖便倾。未必无心唐社稷,金丹一粒误先生。"虽然是别有寓意的幽默话,但是也确有至理,发人深省。

当南北朝之间,少数民族崛起西北,以石勒、姚兴等的酋长之雄,如果没有神僧佛圆澄,和高僧鸠摩罗什等的教化,不知道还有多少生灵,受其涂炭。当成吉思汗崛起蒙古,以素无文化基础的民族,除了依赖武力征伐以外,根本不懂文化和政治的建设,如非丘长春师徒教化其间,他祸害之烈,恐怕又不止如元朝八十余年的情况了。这笔写到全真道的事迹,又不胜有观今鉴古之叹!元代的道士

赵道一编著《王重阳传》后的系语,也同有此感。他说:

> 皇不足则帝,帝不足则王,王不足则霸,霸又不足,则道之不幸也。至哉全真!杰生中土,转浇漓以宗太朴,化顽犷以慕无为。一师倡之,七真和之。猗欤盛哉!时当今之有国也。力不侔于五胡,德弗逮于拓跋,绵绵之运,信罔有矣!然天启玄元之教,俾福被于群生。斯道无丧,以至今日,全真之功也。

这一段的评语里,便说到元朝"力不侔于五胡,德弗逮于拓跋"。不但谈不上王道,即如退而求其次的霸道,也够不上。元朝的统一中国,只能说是武力上的幸运。他言下对于重阳真人师徒的推崇备至,也就是对于宋朝一代的人物,有不胜遗憾之叹!

二、丘长春与成吉思汗的因缘

丘处机,字通密,号长春子。这都是他师父王重阳真人为他取的名字。他是山东登州栖霞县的人,当金熙宗大定七年间,他方十九岁,居昆嵛山修道,而遇王重阳,便依之称弟子。重阳当时赠以诗曰:"细密金麟戏碧流,能寻香饵食吞钩。被予缓缓收纶线,拽入蓬莱永自由。"对于他的器重,由此可见。他追随依止于重阳,不过四年,重阳便即坐化。临殁吩咐他听学于马丹阳,他便随马丹阳、谭长生、刘长生等四人，护重阳灵柩，归葬终南山下，并且随丹阳等庐墓三年，极尽师弟之礼。后来他便独居于磻溪、龙门七年，专志修道，备尝难苦。后世道教的龙门派，俗称北派的，就宗于他修道于龙门而定名。他在这几年中，对于修道的心得，随时作成诗歌，因此流传开去，声誉便逐渐隆盛起来。因金朝的京兆统军夹谷公礼请，遂还归终南，弘扬全真道。金世宗二十八年，召请入见。世宗向他求道，他便先说延生保命之要，次及持盈守成之难。又说：

富贵骄淫，人情所常。当兢兢业业，以自防尔。诚能久而行之，去仙道不远。谲诡幻怪，非所闻也。

金世宗对于他，非常重视。先安置他在万宁宫之西，一年之中，屡次召见。他急急请求还山，到了是年八月，才放他还终南山。赐钱十万，他都辞而不受。二十九年，世宗死后，他便于章宗明昌元年（公元一一九〇年）回到故乡栖霞，大修道观，安置徒众。当南宋宁宗嘉定十二年，金宣宗兴定三年（公元一二一九年）的时期，他住在莱州的昊天观。那时山东大部分的地方，都被南宋收复。宁宗久闻他的道望，便遣使召请南行，而且命令大帅彭义斌派兵保卫起行，他都辞谢不去。地方官怪而问他的原因，他便说："吾之出处，非若辈所可知。他日恐不能留耳。"到了那年的五月，成吉思汗在西征的途中，从奈蛮国遣近臣

札八儿、刘仲禄,远涉间关险阻,到山东来请他西去。本传所载成吉思汗写给他的制诏说:

> 七载之中成大业,六合之内为一统。是以南连蛮宋,北接回纥。东夏、西戎,悉称臣佐。任大守重,惧有阙政。且夫刳舟剡楫,将以济江河也。聘贤选佐,将以安天下也。朕践祚以来,勤心庶政。三九之位,未见其人。伏闻先生体真履规,博物洽闻,探赜究理,道冲德著,有古君子之遗风,抱真上人之雅操。今知犹隐山东旧境,朕心仰怀无已。山川悬阔,有失躬迎之礼。朕但避位侧身,斋戒沐浴,选差近臣,备轻车,不远数千里,谨邀先生,暂屈仙步,不以沙漠远行为念。或忧民当世之务,或恤朕保身之术。朕得亲仙座,惟先生将咳嗽之余,但授一言斯可矣。

这一篇制诏,当然不是成吉思汗的手笔,那是不用推想可知。但是他的渴望之诚,和卑辞厚礼,却跃然纸上。按明陶宗仪著《辍耕录》原文,还较为详细,但大体不外这些恳切的情辞。而且刘仲禄奉命为请师的专使,其初一路行来,还不知道丘长春在山东哪里,本来想带兵五千,专来迎请。后来经过金朝西北驻军和边臣的劝告说:正当两国议和,恐怕金人惊扰。才只带蒙古亲兵二十人,一路探访,来到登州。丘长春却一反常态,立即接受了成吉思汗的邀请。选弟子中可以从行的，共计十八人，便于（公元一二二〇年）二月北行到了燕京行省（北京）。他所经过的地方，大家争求他的文笔诗颂，只要有此一纸，就可免了元兵的杀戮。后来元朝用兵中国，人们都求丘长春全真道的庇护，犹如清末时期，国人求庇于外国教士一样，真是历史上一件异事。

丘长春到了燕京的时候，成吉思汗的西征行程，已经更加辽远。据《辍耕录》等的记载，他便进表陈情，奏请不去。如原表云：

> 登州栖霞县志道丘处机，近奉宣旨，远召不才。海上居民，心皆恍惚。处机自念谋生太拙，学道无成。辛苦万端，老而不死。名虽播于诸国，道不加诸众人，内顾自伤，衷情谁测，前者南京及宋国，屡召不从，今者龙庭，一呼即至。何也？伏闻皇帝，天赐勇智，今古绝伦，道协威灵，华夷率服。是故便欲投山窜海，不忍相违。且当冒雪衔霜，图其一见，盖闻车驾只在桓抚之北，及到燕京，听得车驾遥远，不知其几千里。风尘颍洞。天气苍黄，老弱不堪，切恐中途不能到得，假之皇帝所，则军国之事，非己所能。道德之心，令人戒欲，悉为难事。遂与宣差刘仲禄商议，不若且在燕京德兴府等处，盘桓住坐，先令人前去奏知。其奈刘仲禄不从，故不免自纳奏帖。念处机肯来归命，远

冒风霜，伏望皇帝早下宽大之诏，详其可否。兼同时四人出家，三人得道，惟处机虚得其命。颜色憔悴，形容枯槁。伏望圣裁。龙飞年三月日奏。

到了十月间，成吉思汗在邻近印度的边境，遣使奉诏回邀西去，如原诏云：

成吉思皇帝敕真人丘师省，所奏应召而来者，具悉。惟师道逾三子，德重多方。命臣奉厥元缥，驰传访诸沧海。时与愿适，天不人违。两朝屡召而弗行，单使一邀而肯起。谓朕天启，所以身归。不辞暴露于风霜，自愿跋涉于沙碛。书章来上，喜慰何言。军国之事，非朕所期。道德之心，诚云可尚。朕以彼酋不逊，我伐用张，军旅试临，边陲底定。来从去背，实力率之固然。久逸暂劳，冀心服而后已。于是载阳威德，略驻车徒。重念云轩既发于蓬莱，鹤驭可游于天竺。达摩东迈，缘印法以传心。老氏西行，或化胡而成道。顾川途之虽阔，瞻几杖以非遥。爰答来章，可明朕意。秋暑，师比平安好。旨不多及。

他由此便不辞险阻，远涉沙漠，追随成吉思汗的西征路线，历时四年，经数十国，行万有余里，《元史》称其："喋血战场，避寇绝城，绝粮沙漠。"于公元一二二二年，到达邪迷思干城。再过铁门关。才在雪山之阳,与成吉思汗见面。居住一年以后,他自北印度的边境返国,成吉思汗派骑兵数千,护送他回燕京。改天长观为长春宫。又敕修白云观,合而为一。并以万岁山、太液池赐之,改名为万安宫。

在我们的历史上,当六朝的时期,前秦苻坚为了迎接高僧鸠摩罗什东来,专为他发兵七万征服龟兹国,才得到了罗什大师。后秦王姚兴,又为了大师,于弘始三年(公元四〇一年)派兵灭了后凉,他才到了长安。在此以前,苻坚为了争取道安法师,及习凿齿等学者,也不惜用兵十万,进攻襄阳,硬把他们俘去。历史上为了一位学者大师,至于兵戎相劫,而且还因此攻城灭国,实在为千古稀有的事。但是那是为了争取另一外国的学者大师到中国来传法的举动。至于唐代玄奘法师,为了求法,在交通阻塞的当时,单人渡戈壁沙漠等地的险阻,远到印度去留学十八年,声名洋溢中外,功业长留人世,这也是一件永为世人崇拜的事实。可是人们却遗忘了当成吉思汗武功鼎盛的时期,他远自印度边境,也为了一位学者道士,派兵东来中国,迎接丘长春。而且更忽略了丘长春的先见之明,他不辞艰苦地到了雪山以南,是为得预先布置,保持民族国家文化的传统。这是多么可歌可泣,而且含有无限悲愤的历史往事!因为他是一位道教的道士,便被自命儒家的历史学者们轻轻地一笔抹杀,无奈不可乎!

三、丘长春如何感化成吉思汗

翻开历史的记载，自秦皇、汉武，海上求仙以来，并唐、宋的帝王，误于神仙方术者，屡见不鲜。丘长春以全真道的大师，成吉思汗呼为神仙而不名，而且经过如此艰难的请去，他应当传些长生不老，修成神仙的法术了。事实上，并不如此。他教给成吉思汗的，却都是中国正统学术，儒、道两家忠孝仁义的话。尤其谆谆劝其戒杀而治天下。这比三国时期于吉、左慈等方士之流，想以方技动人的，就不知高明到多少倍了，《元史·释老传》载：

> 太祖时方西征，日事攻战。处机每言，欲一天下者，必在乎不嗜杀人。及问为治之方，则对以敬天爱民为本。问长生久视之道，则告以清心寡欲为要。太祖深契其言，曰：天锡仙翁，以悟朕志，命左右书之，且以训诸子焉。于是锡之虎符，副以玺书。不斥其名，惟曰神仙。

同时，丘长春又把握许多机会，对于成吉思汗，加以机会感化。如本传载：

> 一日雷震。太祖以问处机。对曰：雷，天威也。人罪莫大于不孝，不孝则不顺乎天，故天威震动而震之。

似闻境内不孝者多,陛下宜明天威,以导有众。太祖从之。岁癸未,太祖大猎于东山,马踣。处机请曰:天道好生,陛下春秋高,数畋猎,非宜。太祖为罢猎者久之。

成吉思汗既赐给丘长春以虎符玺书,在过去中国帝王的习惯上,便算是等于列土封侯的荣宠。在某种情形之下,他凭这些东西,就可以便宜行事的。丘长春以间关万里之行,换得虎符玺书而归,不但为道家文化,增长声威。而且他们师徒,还凭此服务战地救了许多自己国民的生命,不使死于元兵的凶残淫掠之下,这更是值得大书而特书的一件事,如《元史·释老传》载:

时国兵(元兵)践踩中原,河南北尤甚。民罗俘戮,无所逃命。处机还燕,使其徒持牒,招求于战伐之余。由是为人奴者,得复为良。与滨死而得更生者,毋虑二三万人。中州人至今称道之。

后来忽必烈统一中国的时期,其徒尹志平等,世奉玺书,袭掌其教。其余的门人,分符领节,各据一方,执掌他的教化,也庇护了多少国民的生命财产。而且到了元武宗至大三年(公元一三一〇年)还加赐金印。当国家有难,受异族统治之下,一个新兴的道教宗派,做了许多保存民族命脉的工作,追怀千古,实在应当稽首无量。

全真教传授源流表

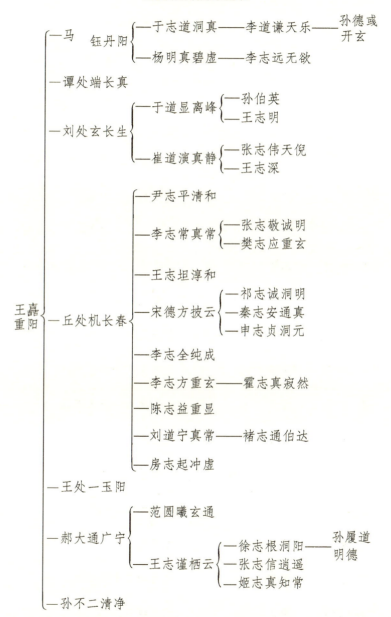

109

全真教历任掌教表

姓名	号	籍	卒年或掌教时代	寿数
王嚞	重阳	咸阳	金大定十庚寅卒	五八
马钰	丹阳	宁海州	金大定廿三癸卯卒	六一
谭处端	长真	宁海州	金大定廿五乙巳卒	六三
刘处玄	长生	东莱	金泰和三癸亥卒	五七
丘处机	长春	登州	元太祖廿二丁亥卒	八十
尹志平	清和	莱州	元宪宗元辛亥卒	八三
李志常	真常	开州	元宪宗六丙辰卒	六四
张志敬	诚明	安次	元至元七庚午卒	五一
王志坦	淳和	汤阴	元至元九壬申卒	七三
祁志诚	洞明		元至元三十癸巳卒	七五
张志仙	玄逸		元至元卅一至大德六	
苗道一	凝和		元至大三	
孙德彧	开玄	眉山	元至治元辛酉卒	七九
蓝道元			元至治二	
孙履道	明德		元泰定元二	
苗道一	凝和		元天历二至元统元	
完颜德明	重玄		元元统三	

第二节　元代敕封天师道与其他

元代立国之初，由于全真道丘长春的影响，朝廷内外，虽笃信西藏密宗的喇嘛教，亦曾有毁道教经典的事件，但对于儒家的孔子，与世居龙虎山的天师道，却能仍循宋代故事，又加敕封，而正其名为正一教主。元朝尊封孔子的敕文，有云："先孔子而圣，非孔子无以明。后孔子而圣，非孔子无以法。"不但为元朝增加不少光彩，同时也为历代尊崇孔子的颂词中，无出其右的赞评。至于敕封张天师的经过与事实，如《元史·释老传》所载云：

> 正一天师者，始自汉张道陵，其后四代曰盛，来居信之龙虎山，相传至三十六代宗演，当至元十三年，世祖已平江南，遣使召之，至则廷臣郊劳，待以客礼。及见，语之曰：昔岁己未，朕次鄂渚，尝令王一清往访卿父，卿父使报朕曰：后二十年，天下当混一，神仙之言，验于今矣。因命坐，锡宴，特赐玉芙蓉冠，组金无缝服，命主领江南道教，仍赐银印。十八年、二十五年，再入觐，世祖尝命取其祖天师所传玉印宝剑观之，语侍臣曰：朝代更易已不知几，而天师剑印传子若孙，尚至今日，其果有神明之相矣乎？嗟叹久之。二十九年卒。子与棣嗣为三十七代，袭掌江南道

教，三十一年入觐，卒于京师。元贞元年，弟与材嗣为三十八代，袭掌道教，时潮啮盐官、海盐两州，为患特甚。与材以术治之，一夕大雷电以震，明日见有物鱼首龟形者磔于水裔，潮患遂息。大德五年，召见于上都幄殿。八年，授正一教主，主领三山符箓。武宗即位，来觐，特授金紫光禄大夫，封留国公，锡金印。仁宗即位，特赐宝冠，组织文金之服。延祐三年卒。四年，子嗣成嗣为三十九代，袭领江南道教，主领三山符箓如故。

此外，金元之际，在黄河以北，尚有刘德仁创立的大道教，萧抱珍创立的太乙教。皆不备述。

普及民间道教观念的两部书

元明之际，中国文学的趋向，已由汉文、唐诗、宋词、元曲的演变，到了明代，遂流行语体小说。自元代罗贯中著《三国演义》以后，关羽、诸葛亮都变为聪明正直的天神。继之又有《西游记》与《封神演义》的出现。从此而使道教的天、人、神三种关系的观念，普遍传布，永为后代中国民间社会的共同崇奉，对于道教天神信仰的宣传，最为有力。《西游记》的故事，以唐代佛教的高僧玄奘法师为主角，借用他留学印度的事实，演成唐三藏西天取经的经过，衬托道家修行炼丹成道的宗旨。《封神演义》则以历来道家所崇拜辅助周武王开国的姜尚（子牙）为主角，演成人与天神之间的关系，充分表现行善得道，作恶受报，褒扬聪明正直，死而为神，天人合一的中国宗教精神。这两部小说真正的作者，现代学者虽有考证，但都仍有问题。据道佛两家历来相传的观念，认为《西游记》的作者，是站在道教立场来赞扬佛家的解脱。《封神演义》的作者，是站在佛教立场来赞成道家的精神。但无论如何，明代以后，中国民间宗教信仰的观念，以及对道、佛两教的认识，都由于此二书而来，乃至一般知识分子，亦附会因袭，始终不加深究，故对宗教思想，产生许多可以发噱的误解。

第七章
明清时期的道教

第一节　明太祖与周颠

中国历史，自秦、汉以后，任何政治清明的国家升平阶段，其思想与治术，大都有一共通原则，即"内用黄老，外示儒术"。且看每逢国家变故，起而拨乱反正的世代，多半有道家的人物，参与其间的现象，这几乎已成为过去历史的定例。当明太祖朱元璋起义时期，除刘基、宋濂等人外，参与其间的道家幕后人物，尚有著名的颠仙周颠。其人以游戏风尘，装疯作呆，周旋于残暴成性的朱元璋幕后，与朱元璋的生命事业，都是休戚相关的。甚之后来朱元璋并尊道、佛两教，亦因之已深结因缘，其事虽为正史所不详，但朱元璋曾经亲自为他撰文，记叙事实的真相。读其行文语气，确是出于朱元璋的手笔，后人亦信以为真，当无疑问，兹录之以明始末：

明太祖《御制周颠仙人碑记》云：

> 颠仙，周姓者，自言南康属郡建昌人也。年一十有四岁，因患颠病，父母无暇常拘，于是颠入南昌乞食于市，岁如常，更无他往。元至正间，失记何年，忽入抚州一次，未几，仍归南昌。有时施力于市户之家，日与稠人相杂，暮宿间阎之下。岁将三十余，俄有异词，凡新官到任，必谒见而诉之，其词曰：告太

平。此异言也，何以见？当是时，元天下承平，将乱在迩，其颠者故发此言，乃曰异词。不数年，元天下乱，所在英雄据险，杀无宁日。其称伪汉陈友谅者，帅乌合之众，以入南昌，其颠者无与语也。未几，朕亲帅舟师，复取南昌，城降，朕抚民既定，百归建业。于南昌东华门道左，见男子一人，拜于道旁，朕谓左右曰：此何人也。左右皆曰：颠者。朕三月归建业。颠者六月至。朕亲出督兵，逢颠者来谒，谓颠者曰：此来为何？对曰：告太平。如此者，朝出则逢之，所告如前，或左或右或前或后，务以此言为先。有时遥见以手入胸襟中、以手讨物、以手置口中，问其故，乃曰：虱子。复谓曰：几何？对曰：二三斗。此等异言，大概知朕之不宁，当首见时即言婆娘反。又乡谈中常歌云："世上什么动复人心，只有胭脂胚粉动得婆娘队里人。"及问其故，对曰："你只这般，只这般。"每每如此，及告太平，终日被此颠者所烦，特以烧酒醉之，畅饮弗醉。明日又来，仍以虱多为说。于是制新衣易彼之旧衣，新衣至，朕视颠者旧裙腰间藏三寸许菖蒲一茎，谓颠者曰："此物何用？"对曰："细嚼饮水腹无痛。"朕细嚼水吞之。是后颠者日颠不已，命蒸之，初以巨缸覆之，令颠者居其内，以五尺围芦薪，缘缸煅之，薪尽火消，揭缸而视之，俨然如故。是后复蒸之，以五尺芦薪一束半，以缸覆颠者于内,周遭以火煅之,烟消火灭之后,揭缸而视之,俨然如故。又未几时,以五尺围芦薪两束半,以缸覆颠者于内,煅炼之,薪尽火消之后,揭缸视之,其烟凝于缸底若张绵状,颠者微以首撼,撼小水微出,即醒无恙。命寄食于蒋山寺,主僧领之月余,僧来告:"颠者有异状,与沙弥争饭,遂怒不食,今半月矣!"朕奇之,明日命驾亲往询视之,至寺,遥见颠者来迓,步趋无艰,容无饥色,是其异也。因盛肴馔同享于翠微亭,膳后,朕密谓主僧曰:"令颠者清斋一月,以视其能否?"主僧如朕命,防颠者于一室,朕每二日一问,问至二十有三日,果不饮膳,是出凡人也。朕亲往以开之,诸军将士闻之,争取酒肴以供之,大饱,弗纳,所饮食者尽出之。良久召至,朕与共享,食如前,纳之弗出,酒过且酣,先于朕归道旁侧右边,待朕至。及朕至,颠者以手画地成圈,指谓朕曰:"你打破个桶,做个桶。"发此异言。当是时,金陵村民闻之,争邀供养。一日逢后生者,俄出异词曰:"噫!教你充军便充军。"又闲中见朕常歌曰:"山东只好立一个省。"未几,朕将西征九江,特问颠者曰:"此行可乎?"应声曰:"可。"朕谓颠者曰:"彼已称帝,今与彼战,岂不难乎?"颠者故作颠态,仰面视房之上,久之,稳首正容以手拂之曰:"上面无他的。"朕谓曰:"此行你偕往可乎?"曰:"可。"询毕,朕归,其颠者以平日所持之拐擎之，急朕趋之马前，摇舞之状，若壮士挥戈之势，此露必胜之兆。后兵行带往，至皖城，无风，舟师难行，遣人问之，颠者乃曰："只管行，只管有风，无胆不行便无风。"于是诸军上牵，以舟泊岸，溯流而上，不二三里，微风渐起，又不十里，大风猛作，扬帆长驱，遂达小孤。朕曾谓相伴者曰："其颠人无正语，防闲之，倘有谬词，来报。"后当江中江豚戏水，颠者曰："水怪见前，损人多。"伴者来报，朕不然其说，以颠果无知，命弃溺于江中。到湖口，失记人数有十七八人，将颠者领去湖口小江边，意在溺死，去久而归，颠者同来，问命往者何不置之死地，又复生来？对曰："难置之于死。"语未既，颠者猝至，谓朕欲食。朕与之食，食既，颠者整顿精神衣服之类，若远行之状，至朕前鞠躬舒项，谓朕曰："你杀之。"朕谓曰："被你烦多，杀且未敢，且纵你行。"遂糗粮而往，去后莫知所之。朕于彭蠡之中，大战之后，回江上，星列水师以据江势，暇中试令人往匡庐之下，颠者所向之方，询土居之民，要知颠者之有无。地荒人无，惟太平宫侧，草莽间，一民居之，以颠者状。示问之民人，对曰："前者，俄有一瘦长人物，初至我处，声言：好了，我告太平来了，你为民者，用心种田。语后于我宅内，不食半月矣，深入匡庐，莫知所之。"朕战后归来，癸卯围武昌，甲辰平荆楚，乙巳入两浙,丙午平吴越、下中原、两广、福建,天下混一。洪武癸亥八月,俄有赤脚僧名觉显者至,自言于匡庐深山岩壑中见一老人,使我来谓大明天子有说。问其说,乃云国祚殿廷仪礼司,以此奏。朕思方今虚诞者多,朕驭宇内,至尊于黔黎之上,奉上下于两间,误听误见,恐贻民笑,故不见不答。是僧伺候四年,仍往匡庐,意在欲见,朕不与见,但以诗二首寄之。去后二年,使人询之,果曾再见否?其赤脚者云:"不复再见。"又四年,朕患热症,几将去世,俄赤脚僧至,言天眼尊者及周颠仙人遣某送药至。朕初又不欲见,少思之,既病,人以药来,虽真假合见之。出与见,惠朕以药,药之名,其一曰,温良药两片,其一曰,温良石一块,其用之方,金盆子盛着,背上磨着,金盏子内吃一盏便好。朕遂服之,初无甚异。初服在未时间,至点灯时,周身肉内搐掣,此药之应也。当夜病愈,精神日强,一日服过三番,乃闻菖蒲香,盏底有丹砂沈坠,鲜红异世有者。其赤脚僧云:"某在天池寺,去岩有五里余,俄有徐道人来,言竹林寺见,请某与同往,见天眼尊者坐竹林寺中,少顷,一披草衣者入。某谓天眼曰:此何人也?对曰:此周颠是也。方今人主所询者,此人也。即今人主所作热,尔当送药与服之。天眼更云:我与颠者和人主诗。某问曰:诗将视看。对曰:已写于石上。某于石上观之,果有诗二首。"朕谓赤脚曰："还能记乎？"曰："能。"即命录之，粗俗无韵无联，似乎非诗也。及遣人诣匡庐召之，使者至，杳然矣！朕复以是诗再观，其词其字，皆异寻常，不在镌巧，但说事耳，国之休咎存亡之道已决矣，故纪之，以示后人。

第二节　明成祖与武当山的张三丰

明初有太祖朱元璋与其神仙朋友周颠的一段渊源，已与道教结下不解之缘。到明成祖称帝的时期，忽又醉心倾慕习俗传闻，对活了两三百年的神仙道人张三丰，不但屡下诏书访求，并派遣使臣到处寻觅。后来又在湖北武当山为张三丰大兴土木，建设武当成为道教的胜地。因此道教在明代，又平添武当张三丰的一派，以身心内炼金丹，达成性命的双修的丹法为主。明末以后，直到现在，其流风遗被，凡言武术技击、气功吐纳、内功导引、男女采战等江湖术士，无一不附会于张三丰而尊之为嫡传的祖师。声名之隆，影响之大，自吕纯阳以后，所有著名神仙方士，尚无出于其右者。且武当道士，自明代以后，又巍然自成一派，与"全真"、"正一"等家，分庭抗礼，互不相让。武当道观亦以供奉真武大帝为主，其旨趣虽略同于"全真"，实则大异于唐、宋道教的崇拜对象。据湖北地方轶闻，武当道观的真武大帝圣像，实为明成祖自己的塑像，但故作长发仗剑,俨如天君神帝的形状。究其动机,最初因闻其侄建文皇帝逃匿为僧,隐于房县。房县原位于武当山脉,故兴建道观供奉真武,作为压胜的象征。事出有因,查无实据,若以成祖的为人而论,其大兴武当道观的事实内幕,是否可能存有其他隐秘作用,诚难遽下断语。至于张三丰与武当之因缘,是适逢其会,因此得一跃而为后世道教武当派的祖师,宁非神仙奇遇!

《明外史》本传云:

> 张三丰,辽东懿州人,名全一,一名君宝,三丰其号也。以其不饬边幅,又号张邋遢。颀而伟,龟形鹤背,大耳圆目,须髯如戟,寒暑惟一衲一蓑,所啖升斗辄尽,或数日一食,或数日不食,书经目不忘,或处穷山,或游市井,能一日千里,嬉笑诙谐,旁若无人。尝游武当诸岩壑,语人曰:"此山异日必大兴。"时五龙南岩繁霄俱毁于兵火。三丰去荆榛,辟瓦砾,与其徒创草庐居之,已而舍去,行游四方。太祖故闻其名。洪武二十四年遣使遍觅之不遇,后居宝鸡之金台观。一日,自言当辞世,留颂而逝。县人共棺殓之,及葬,闻棺内有声,启视则复活。乃游四川,见蜀献王。复入武当,历襄汉,不常厥处。永乐中,成祖遣给事中胡濙偕内侍朱祥赍玺香币往访,积数年,穷陬僻壤皆到,迄不遇。乃命工部侍郎郭琎隆、平侯张信

等，督丁夫三十余万人，大营武当宫观，费以数百万计，既成，赐名太岳太和山，设官铸印以守，竟符三丰言。或言三丰金时人，元初与刘秉忠同师，后学道于鹿邑之太清宫，与里人张毅相习。毅四世孙朝用，尝游宝鸡遇三丰，问："汝家名毅者为谁？"答曰："吾高祖也。"三丰曰："吾曾见其始生时，今孺子亦渐长，努力读书，官可至三品。"后亦符其言。天顺三年，英宗赐诰，赠为通微显化真人，然竟莫测其存亡也。

《武当山志》云：

三丰号元元子，又号张邋遢，辽东懿州人，张仲安第五子也。寓居凤翔宝鸡县之金台观修炼，忽留颂而逝，士民杨轨山殓之，临窆复生，以一小鼓留其家。入蜀转楚，或隐或现，有问以大道者，专以仁义劝人，事皆先见，往来鹤鸣山，半岁失所在。尝至甘州张指挥家，遗一中袖及葫芦。天顺间，甘肃总兵官王敬患中满疾，诸医不能疗，以中袖火煅服之愈。后葫芦忽自震碎，留杨氏小鼓，虽戛大镛不能混其声，后亦亡去。又旧志载张全一号三丰，相传留侯之裔，洪武初遍历诸山，搜奇览胜，乃至武当结庵，常与耆旧语云："吾山异日与今，大有不同。"命丘铉清住五龙、卢秋云住南岩、刘古泉杨善澄住紫霄，又结庵展旗峰北曰：

"遇真宫黄土城内日会仙馆。"语弟子周真德曰："尔可善守香火，成立自有时来，非在予也。"洪武二十三年拂袖长往，不知所之。二十四年诏遣三山高道，清理道教曰："张元元者可请来。"永乐十年，遣使致香书，屡访不获。正统元年，诰赠为通微显化真人。

第三节　明世宗与陶仲文的前因后果

明太祖朱元璋起义，克复南昌先后时期，世居江西龙虎山嗣汉张天师的四十二世孙张正常，自元代赐号天师以来，即曾以天师身份自居，两度入朝。洪武元年又入贺即位。明太祖却谓："天有师乎？"乃改授为正一嗣教真人，赐银印，秩视二品，设寮佐，曰赞教，曰掌书，遂为定制。以后天师世系，在明代时期，封秩一如旧制而不衰。如《明史·方伎传》云：

张氏自正常以来，无他神异。专恃符箓，祈雨驱鬼，间有小验。顾代相传袭，阅世已久，卒莫废去云。

此直至明世宗嘉靖年间，忽然又崇信神仙道士长生不老之术，而大开道士升官的途径，一如道君皇帝徽宗的作风。虽然其后果收场，尚不至于如宋徽宗的悲惨，但世宗因服方士的丹药而死，却足为后世富贵多欲中人，妄求长生不老的警戒。如史云：

> 世宗嘉靖三年，道士邵元节入京，封为真人，统辖三宫，总领道教，赐金玉银象印各一。元节，贵溪人也。幼丧父母，出家为龙虎山上清宫道士。又师事李伯芳、黄太初，咸尽其术。宁王宸濠召之，辞不往，放浪江湖间。世宗嗣位，惑内侍崔文等言，好鬼神说，日事斋醮，谏官屡以为言，不纳。嘉靖三年，征元节入京，见于便殿，大加宠信，俾居显灵宫，专司祷祀，雨雪愆期，祷有验。封为清微妙济守静修真凝元衍范志默秉诚致一真人。统辖朝天、显灵、灵济三宫，总领道教。……元节卒，赠少师，谥为文唐荣静真人。……隆庆初，削元节秩谥。
>
> 嘉靖十八年，授陶仲文高士号，寻封真人。陶仲文，初名典真，湖北黄冈人。好神仙方术，尝受符水诀于罗田万玉山，与邵元节善。嘉靖中，由黄梅县吏，为辽东库大使，秩满，需次京师，寓元节邸。元节年老，宫中黑眚见，治不效，因荐仲文于帝，以符水噀剑，绝宫中妖。庄敬太子患痘，祷之而瘳，帝深宠异。十八年，南巡，元节病，以仲文代，次卫辉有旋风绕驾，帝问此何祥也？对曰："主火。"是夕，行宫果火，宫人死者甚多，帝益异之。授神霄保国宣教高士，寻封神霄保国弘烈宣教振法通真忠孝秉一真人，

领导教事。寻加少保礼部尚书,又加少傅,又加少师,食一品俸。前此大臣,无兼总三孤如仲文者。十九年,授陶仲文恭诚伯,其徒封真人,庙子世昌为国子生。三十九年,冬十一月,秉一真人领道教事少傅礼部尚书恭诚伯陶仲文卒。

关于明世宗学道的事,当时反对最力,且敢直言诤谏者,唯见大臣海瑞而已,如史载:

丙寅四十五年,春,正月,帝不豫。先是,方士王金陶仿刘文彬、申世文、高守中、陶世恩伪造诸品仙方,以金石药进御,性燥热,帝服,稍稍火发,不能愈。至是,谕徐阶欲幸承天,拜显陵,取药服气,阶奏止之。下户部主事海瑞狱。瑞上言:"陛下即位初年,敬一箴心,冠履分辨,天下忻忻谓焕然更始。无何而锐精未久,妄念牵之,谬谓长生可得,一意修玄,土木兴作,二十余年,不视朝政,法纪弛矣,数行推广事例,名器滥矣。二王不相见,人以为薄于父子;以猜疑诽谤戮辱臣下,人以为薄于君臣;乐西苑而不返大内,人以为薄于夫妇。今愚民之言曰,嘉者家也,靖者尽也,谓民穷财尽,靡有孑遗也。然而内外臣工,修斋建醮,相率进香,天桃天乐,相率表贺,陛下误为之,群臣误顺之。臣愚谓陛下之误多矣,大端在玄修,夫玄修,所以求长生也。尧舜禹汤文武之为君,圣之至也,未能久世不终,下之方外士,亦未见有历汉唐宋至今存者。陛下师事陶仲文,仲文则既死矣,仲文不能长生,而陛下独何求之?至谓天赐仙桃药丸,怪妄尤甚,桃必采乃得,药必捣乃成,兹无因而至,有胫行邪,云天赐之,有手授邪,然则玄修之无益可知矣。陛下玄修多年,靡有一获,左右奸人,揣逆圣意,投桃设药,以谩长生,理之所无,断可见已。陛下诚幡然悟悔,旦旦视朝,与辅宰九卿,侍从言官,讲求天下利害,洗数十年君道之误,置身尧舜禹汤文武之域,使诸臣亦洗心数十年阿君之耻,置身皋夔伊傅周召之列,民熙物洽,薰为太和,陛下性中真药也。道与天通,命由我立,陛下性中真寿也。此理之所有,可旋至立效,乃悬思服食不终之饵,嵌想遥兴轻举之方,求之终身,不可得已。"疏奏,上大怒,命逮系瑞镇抚狱。冬,十二月,帝崩。

第四节 明末清初道家派别的分支

明末清初,儒、释、道三家之学,亦随国运而有变动,宋明新儒家的理学,自王阳明以后,已如强弩之末,学说过于支芜。禅宗自密云悟、破山明、汉月藏以后,也多流于口头禅,极少真参实证之辈。道家亦自吕纯阳、张紫阳以后，主要化分为四派：明嘉靖间，新兴东派，从陆潜虚等为主，以双修为尚；清咸丰间，又有西派产生，从李涵虚为主，以性命为宗；南派则远承张紫阳，旁出多门；北派自丘长春以后，即成为道教北宗龙门派的砥柱。此外，有伍冲虚、柳华阳师徒为主的伍柳派，专主炼精化气，炼气化神，炼神还虚的内功丹法，以断欲而修证身心气脉，幻出化身以成神仙正果，其说似是而非，不胫而走，不久即普遍流传民间。自清初以至现在，几已淹没数千年来正统道家神仙方士所有的学术，实为正统道家的枝指，不及详论，但一二百年以来，凡言道家修炼的丹法，莫不奉之为金科玉律，仙才衰落，辩证无人，殊可叹息。至于师承不同，各立宗旨，凡此各派，因限于篇幅，亦不详论。

此外，自明末国破，清军入关之初，有明朝进士杨来如，在山东、河北一带，创设理门（现在称为"理教"），综合儒、释、道三家修心养性的一般方法，类似宋末元初的全真道，虽其初立教的方式，亦与道教有关，但现在已自成为新兴的另一宗教，亦不备述。

第五节　康熙雍正与道教

清朝兴起的初期，远在东北，早已有一位有道家学术修养的范文程，为其灌输道家政治思想。及至康熙时代，"外示儒术，内用黄老"的政治方法，亦成为康熙建立大清帝国的最高原则。他曾颁发《老子》一书，命令满族王公大臣，熟习深思，作为政治哲学与政略运用的根本法则。但对于道教，除循例封赠张天师世系，以为羁縻之外，对其余有关道教各派，因鉴于元朝白莲教故事，举凡类似另有门派组织，或近于巫觋邪者，皆在严禁之例。

如《大清会典》载：

> 崇德间，定满洲蒙古汉军巫师道士跳神驱鬼逐邪以惑民心者处死，其延请跳神逐邪者亦治罪。
>
> 康熙元年，凡有邪病请巫师道士医治者，须领巫师道士禀知各都统用印，文报部方许医治，违者将巫师道士交刑部正法，其请医治之人，交刑部议罪。
>
> 康熙十二年，议准无为白莲焚香混元龙元洪阳圆通大乘等邪教，惑众聚会念经，执旗鸣锣，聚众拈香者，通行八旗直省，严行禁饬，违者照例鞭责枷号。

其时，清代的学术，概如儒、释、道三家之学，正有变今而返古，效古而趋新的动向。儒家思想，由理学的空谈性命，一变而为崇效汉学，走向清儒朴学的路线。佛家的禅宗，则由口头禅转变为坐禅习定的旧路。道家的丹法，也从迷离杂乱的旁门，而步入汉魏之间方士修炼身心的途径。故代表道教的，除了北宗全真道的龙门派，与张天师世系的正一派以外，其余皆已若隐若现，碌碌微不足道。

雍正登位以后，自己兼以大宗师的身份，提倡禅宗，同时也留心道家学术，推崇正统道家的张紫阳，亲自为其所著的《悟真篇》作序，备极赞赏。如云：

紫阳真人作《悟真篇》，以明元门秘要，复作颂偈等三十二篇，一一从性地演出西来最上一乘之妙旨。自叙云：此无为妙觉之至道也。标为《外集》，夫外之云者，真人岂以元门为内，而以宗门为外哉！审如是，真人止应专事元教，又何必旁及于宗说，且又何谓此为最上，岂非以其超乎三界，真亦不立，故为悟真之外也欤。真人云：世人根性迷钝，执其有身，恶死悦生，卒难了悟，黄老悲其贪著，乃以修生之术，顺其所欲，渐次导之。观乎斯言，则长生不死，虽经八万劫，究是杨叶止啼，非为了义，信矣。若此事，虽超三界之外，仍不离乎一毛孔之中，特以不自了证，则非人所可代。学者将个无自味语，放在八识田中，奋起根本无明，发大疑情，猛利无间，继丧身失命，亦不放舍。久之久之，人法空，心境寂，能所亡，情识尽，并此无义味语，一时忘却，当下百杂粉碎，觌体真纯。此从上古德所为，决不相赚者。真人以华池神水，温养子珠，会三界于一身之后，能以金丹作无义味语用，忽地翻身一掷，抹过太虚，脱体无依，随处自在，仙俊哉，大丈夫也。篇中言句，真证了彻，直指妙圆，即禅门古德中，如此自利利他，不可思议者，尤为稀有，如禅师薛道光皆皈依为弟子，不亦宜乎。刊示来今，使学元门者，知有真宗；学宗门者，知惟此一事实，余二即非真焉。是为序。

张紫阳为《悟真篇》作的后序，云：

窃以人之生也，皆缘妄情而有其身，有其身则有患，若其无身，患从何有？夫欲免夫患者，莫若体夫至道；欲体夫至道，莫若明夫本心。故心者道之体也，道者心之用也，人能察心观性，则圆明之体自现，无为之用自成，不假施功，顿超彼岸。此非心镜朗然，神珠廓明，则何以使诸相顿离，纤尘不染，心源自在，决定无生者哉。然其明心体道之士，身不能累其性，境不能乱其真，则刀兵乌能伤，虎兕乌能害，巨焚大浸乌足为虞，达人心若明镜，鉴而不纳，随机应物，和而不唱，故能胜物而无伤也。此所谓无上至真之妙道也。原其道本无名，圣人强名；道本无言，圣人强言尔。然则名言若寂，则时流无以识其体而归其真，是以圣人设教立言以显其道。故道因言而后显，言因道而返忘。奈何此道至妙至微，世人根性迷钝，执其有身，而恶死悦生，故卒难了悟。黄老悲其贪著，乃以修生之术，顺其所欲，渐次导之，以修生之要在金丹,金丹之要在乎神水华池,故道德阴符之教,得以盛行于世矣!盖人悦其生也,然其言隐而理奥,学者虽讽诵其文,皆莫晓其义,若不遇至人授之口诀,纵揣量百种,终莫能著其功而成其事,岂非学者纷如牛毛,而达者乃如麟角也。余向己酉岁于成都,遇师授丹法。当年且生公倾背,自后三传于人,三遭祸患,皆不逾两旬。近方忆师之所戒,云异日有与汝解缠脱锁者,当宜授之,余不许尔。后欲解名籍,而患此道人不知信,遂撰此《悟真篇》,叙丹药本末。既成,而求学者湊然而来,观其意勤,心不忍秘,乃择而授之。然而有所授者,皆非有巨势强力,能持危拯溺,慷慨特达。能仁明道之士,初再罹祸患,心犹未知,竟至于三,乃省前过。故知大丹之法,至简至易,虽愚昧小人,得而行之,则立超圣地。是以天意秘惜,不许轻传于非其人也。而余不遵师语,屡泄天机,以其有身故,每膺谴患,此天之深戒,如此之神且速,敢不恐惧克责。自今以往,当钳口结舌,虽鼎镬居前,刀剑加项,亦无复敢言矣。此《悟真篇》中,所歌咏大丹药物火候细微之旨,无不备悉。好事者夙有仙骨,观之则智虑自明,可以寻文解义,岂须余区区之口授之矣。如此乃天之所赐,非余之辄传也,如其篇末歌颂,谈见性之法,即上之所谓无为妙觉之道也。然无为之道,齐物为心,虽显秘要,终无过咎。奈何凡夫缘业有厚薄,性根有利钝,纵闻一音,纷成异见。故释迦文殊所演法宝,无非一乘,而听学者随量会解,自然成三乘之差。此后若有根性猛利之士,见闻此篇,则知余得达摩六祖,最上一乘之妙旨,可因一言而悟万法也。如其习气尚余,则归中小之见,亦非余之咎矣。

从此以后,终清朝两百余年的天下,太平天国的起义,已非中国固有宗教的面目。义和团是假托符咒神鬼以动,应与道教无关。

第八章

二十世纪的道教

第一节 十九世纪末道教的衰落

中国文化与宗教，在清朝中叶以后，概受西洋文化思想输入的影响，一蹶至今，尚未重新振起。自十九世纪以来，正式代表道教的胜地观宇，举其荦荦大者，如北京的白云观、成都的青羊宫、甘肃的崆峒山、陕西的华山、山东的崂山、四川的青城山、广东的罗浮山、江西的龙虎山、湖北的武当山、福建的武夷山、浙江的天台山等处，虽然还保有道教观宇与若干道士，仿效佛教禅宗的丛林制度，各别自加增减，设立规范，得以保存部分道教的形式，但已奄奄一息，自顾不暇，更无余力做到承先启后，开展弘宗传教的事业了。何况道士众中，人才衰落，正统的神仙学术无以昌明，民间流传的道教思想，往往与巫蛊邪术不分，致使一提及道教，一般观念便认与画符念咒、妖言惑众等交相混杂，积重难返，日久愈形鄙陋。民国初年，北洋军阀时期，曾借口破除迷信，拟欲没收道观土地财产，一律与佛教并案办理，事详《二十世纪的中国佛教》。后来，因佛教有中国佛教会的组织成立，道教也随之援例成立中国道教会。但道教会中人，散漫肤浅，尤甚于信仰佛教的人士，可谓"佛规道随"徒有形式而已。同时国人们将义和团思想，与圆光、看相、算命、占卜、咒水、画符等江湖粗浅邪术，一概误附于道教，益使五千年文化精英所独创的宗教,蒙受百般误解与侮辱,殊堪浩叹!"物必自腐而后虫生。"凡有志振兴道教之士,先当自求振奋,然后方可言其大者。清代人舒位所谓:"未有神仙不读书",实足发人深省。

第二节　当代学人研究道教学术的活动

一、影印《道藏》的发起

一九二三年间,因康有为、梁启超师生的倡议,有徐世昌的出面,曾经捐资影印北平白云观藏版的《道藏》,如其《缘起》所云:

> 道家之书,荟萃成藏,始自六朝,历唐、宋、金、元递有增辑,卷帙繁多,靡可殚究。其详见于至元十二年《道藏》尊经,历代纲目刻石;至明正统十年重辑全藏以千文编次,自天字至英字,万历三十五年《续藏》自杜字至缨字,三洞四辅十二类,都五百二十函五千四百八十五册,经厂刊版,率用旧规。传至有清,旧庋于大光明殿,日有损缺,迨庚子之乱,存版尽毁,各省道观藏本亦稀,京师白云观乃长春真人祖庭,为北宗灵宇,独存全藏,几成孤帙。虽经箓符图,类属晚出,而地志传记旁及医药占卜之书,或出晋宋

以前,或为唐人所撰,清代四库既未甄收,藏书家亦鲜传录,其中周秦诸子半据宋刊金元专集,尤多秘笈。乾嘉学者研索及斯,只义单辞,珍侔星凤,采辑未竟,有待方来。至若琼简琳文,玄言毕萃,非资博览,曷阐真源,宗教学术所系重矣。仆等远怀神契,近闵颓波,深惧古籍就湮,幽诠终罔,因议重印,用广流传。经东海徐公慨出俸钱,成斯宏举,合并焚夹,改为线装,摹影校勘,三载克毕,海内闿达,尚垂察焉。发起人:李盛铎、田文烈、张文济、赵尔巽、梁启超、钱能训、江朝宗、康有为、熊希龄、黄炎培、张謇、董康、傅增湘同启。

二、《道藏精华录》的编辑

影印《道藏》以后,又有守一子编辑《道藏精华录》一百种,在上海出版行世,其前言如云:

> 夫道,岂远乎哉。只在自己身中,不须向外驰求。苟得其旨,自易超脱。若择学不精,则误入旁邪,非徒无益,而又害之。当此之时,学道者不特无明师指示,无天仙秘帙之可见,虽欲求一理明词正之道书,且不易多得。《道藏》书,世不数觏,即《道藏目录》,甚至《道藏辑要目录》,亦不易见。守一子有鉴于此,爰竭其数年之勤,采辑《道藏》及《云笈七籖》中之

精华，并搜罗古书中关于玄学者最有精义之诸书，而成《道藏精华录》一百种。凡太上密旨、南北玄学、养生要诀、导引捷法，无不毕备。可知此书一出，直为学道者暗室中置一明灯，迷海上架一津梁也。养生者得此书，依养生法行之，则延年可必。志小成中成者，得此书各择其一法而修之，则人仙地仙可致。志大成者，得此书而精详参之，则无异遇明师之耳提面命，自能一超直入，立跻圣域，天仙可成也。

该书现在台湾，由萧天石创办的自由出版社影印流通，虽稍加改编，仍不失其原来系统。

第三节　研究道教学术的人士

一、刘师培的《读道藏记》

现代学者不以先入为主的成见，尚肯致力读完全部《道藏》者，恐怕绝无仅有之事，何况进而能深通丹经内典，从事研究，别有心得与发现者，更不易觏。民国以来，学者浏览部分《道藏》而作有笔记者，唯见刘师培《读道藏记》一文而已，如其《自序》所云：

西晋以前，道书篇目，略见《抱朴子·遐览篇》，次则甄鸾《笑道论》，颇事甄引，均属汉魏六朝古籍。晚近所存，什无二三，即《崇文总目·中兴书目》所著录，亦复十亡其六。今之《道藏》，刊于明正德间，经箓符图，半属晚出，然地志传记，旁逮医药占卜之书，采录转众，匪惟诸子家言已也。故乾嘉诸儒，搜集旧籍，恒资彼藏，顾或录副未刊，致鲜传本，迄于咸同之际，南藏毁于兵，北藏虽存，览者逾勘，士弗悦学，斯其征矣。予以庚戌孟冬旅居北京白云观，乃启阅全藏，日尽数十册，每毕一书，辄志其序跋，撮其要旨，若鲜别刊，则嘱仆人逐录，略事考订。惟均随笔记录，未足为定稿，兹先差拣若干条，录成一帙，以公同好之士云。庚戌孟冬刘师培记。

二、陈撄宁的实验丹道

此外，一九三六年间，有专门研究丹道，有志求仙的陈撄宁，在上海创办"修道集团"及"中华道教会"，其宗旨概如宣言，启事诸文。此派人士，主张实验修炼为务，其从学诸人，曾集各地每人用功经验，汇编成书，今经人编集，称为《明道语录》以行世。犹如蒋维乔用道家静坐工夫而生初步的效验，即著《因是子静坐法》，以传世一般，足贻初学者以参考。

附：陈撄宁所撰前《中华道教会宣言》：

粤自崆峒演教，轩辕执弟子之仪。柱下传经，仲尼与"犹龙"之叹。道教渊源，由来久矣。盖以天无道则不运，国无道则不治，人无道则不立，万物无道则不生，道岂可须臾离乎。夫道有入世，必有出世，有通别，亦有旁支。若彼磻溪垂钓，吕尚扶周；圯桥授书，子房佐汉；三分排八阵之图，名成诸葛；一统定中原之鼎，策仗青田，此入世之道也。又若积精累气，《黄庭经》显示真修，抽坎填离，《参同契》隐藏口诀；勾漏丹砂，谈稚川之韵事；松风庭院，羡弘景之闲情，此出世之道也。况复由道而通于政，则有洪范九畴，周官六部；由道而通于兵，则有阴符韬略，孙武权谋；由道而通于儒，则有仲舒扬雄、濂溪康节；由道而通于法，则有商鞅李悝、申子韩非；由道而通于医，则有素问灵枢、千金肘后；由道而通于术，则有五行八卦、太乙九宫，此道家之通别也。以言炼养，则南方五祖，北地七真，双延绪脉，以言醮箓，则句容茅山，江西龙虎，咸擅威仪，此道教之支派也。至于小道之巫医，则辰州祝由，救急屡惊奇效；卫道之拳技，则武当太极，工夫授自明师，诚可谓道海汪洋，莫测高深之量，道功神秘，难觅玄妙之门矣。再论及《道藏》全书，阅四千余年之历史，拥五千余卷之缥缃，三洞四辅之归宗，一十二部之释例，尊之者，称为云篆天章，赤文紫字，美之者，比喻琅函琼札，玉版金绳，姑勿辩其是非，要可据为考证。历代佚亡典籍，犹多附此而存，岂惟道教门庭之光辉，亦是中华文化之遗产，虽嫌杂而多端，小儒咋舌，所幸博而能约，志士关怀。请慢嗤迷信，须知乃昔贤抵抗外教侵略之前锋，切莫笑空谈，应恃作今日团结民族精神之工具。嗟夫！世变已亟，来日大难，强敌狼吞，群夷鸱顾，此何时耶。倡本位文化救国说者，固一致推崇孔教矣，然孔教始于儒家，儒家出于道家，有道家遂有道教，试以历史眼光，观察上下五千年本位文化，则知儒家得其局部，道家竟其全功，儒教善于守成，道教长于应变，事实俱在，毋庸自谦。故尝谓吾国，一日无黄帝之教，则民族无中心；一日无老子之教，则国家无远虑。先武功，后文治，雄飞奋励，乃古圣创业之宏规，以柔弱，胜刚强，雌守待时，亦大智争存之手段。积极与消极，道原一贯，而用在知几；出世与入世，道本不同，但士各有志。他教每厌弃世间，妄希身后福报，遂令国家事业，尽堕悲观，道教倡唯生学说，首贵肉体健康，可使现实人生，相当安慰。他教侈讲大同，然弱国与强国同教，后患伊于胡底，道教基于民族，苟民族肯埋头建设，眼前即是天堂。呜呼！笼百家之总钥，济儒术之穷途，揽国学之结晶，正新潮之思想，舍吾道教，其谁堪负此使命哉！今夫有道自不能无教，无教则道何以弘，有教自不能无会，无会则道何以整，同仁等悉属黄帝子孙，生在中华国土，大好河山，慨念先民之遗烈，异端角逐，忍看国教之沦亡，爰集同志，组织此会，根据现行法律，拟定规条，呈请党政机关，准许成立。从兹大道偕八德同流，道儒何妨合作；达变与经常并重，奇正相辅而行。将见禹域风披，具身使臂，臂使指之效，天人感应，征危转安，逢凶化吉之祥，民族精神，庶有赖焉。黄帝纪元四千六百三十三年即中华民国二十有五年，中华道教会同仁谨布。

又：前上海丹道刻经会《启事》文云：

原夫道以人弘，慧由心发，故积功累德，则魔障不侵，阐教利生，则薪传无尽，利人即以利己，度己本为度人，人己两利，福慧双修，世间一切，尚不外此，况我国数千年来羲农黄老一派源流之仙学乎。夫仙学内化身心，外融物质，既非宗教家之谈空，又异惟物派之逐末，超凡绝俗，孰与比伦，虽然高则高矣，若无文字以传之，则其利不能普及，福慧安得双圆。是用纠集同志，创设本会，至希贤达君子，乐为参加，成出借以藏书，或赐赠以著作，俾集资付印，设法流传，共建旷代殊功，造成无限天仙，本会同仁不胜馨香以祷祝焉。

又：前上海《扬善》半月刊社为《修道集团事征求同志意见》文云：

> 修道之事，不贵空谈，而贵实行，实行办法，首在组织团体。试观近代国家与社会，无论政治经济学术宗教，皆趋向于集团制度，盖以大势所迫，非如此不足以有为也，国内好道之士，颇不乏人，其数当以万计。然一考其现状，多为环境所困，不能实行，抱道终身，于事何补，非但财力薄弱者有此遗憾，即富厚之家，亦不免蹉跎岁月，成效难期，其弊皆由于缺乏一完美组织之故耳，同人等筹划至再，认为今日若言修道，决非个人之心思、财力孤立独行者，所能胜任，必须合群策群力以赴之，始克有济，兹特将最关紧要各问题，开列于左，以便同志诸君之讨论。

一九四九年以后，道教人士在台湾的活动，由赵家焯的首倡，即与六十三代天师张恩溥重整道教会，宣传组织，均甚积极。他如著书弘扬道家学术，并影印发行道书丹经，如萧天石主办的自由出版社等。复由道教蜕变，自创新时代的宗教，如王寒生创设的轩辕教。重新影印《道藏》，倾销世界各国，如严一萍主办的艺文印书馆。凡此种种，直接或间接，对于二十世纪之道教，都有莫大的因缘。

附 录

海内外道教士之统计

道教受古道教之传承，其理论又复受道家之影响，所衍教派甚多，就纯宗教方面分之，则有积善、经典、丹鼎、符箓、占验等派。而丹鼎、符箓二者，在白云观《诸真宗派总簿》所载，已有八十六派；其未列入总簿者，尚不知凡几？总之，今之所谓仙佛合宗，三教合一，五教合一，皆属道教，固无疑也。在台新起之教派，与早年传来，及近期由大陆或海外传入，举其著者，有理教、儒教、斋教、福教、德教、神教、轩辕教等。似此同属中国固有宗教，崇奉道教祖师，发扬道教思想者，为求统一步调，团结一致，同谋发展起见，实应联络一气，融为一体，似不宜多立门户，各走一端？道教会本此意旨，刻正多方联系，力求团结，冀能提早结束此一分歧现象。

一九六一年七月《道学》杂志第五册载：

道教海外道教士统计表

资料时间：根据一九五二年《中华日报》编印之《世界要览》记载。

各洲信教人数：

北美洲……一五〇〇〇人

南美洲……一七〇〇〇人

欧　洲……一二〇〇〇人

非　洲……一〇〇〇人

大洋洲……八〇〇〇人

亚　洲……九〇〇〇〇〇人（我国国内人数不含）

全国道教士统计表

资料时间：根据江西龙虎山天师府一九四九年调查所得。

各道派道教士人数：

积善派……七六九万

经典派……七八六万

丹鼎派……九三四万

符箓派……一七〇〇万

占验派……八六四万

道教各教派教徒，据《中华日报》之统计，在北美约一万五千人，南美约一万七千人，欧洲约一万二千人，亚洲五千万人（大部在国内），非洲约一千二百人，大洋洲约八千人，总计五千零五万余人。

台湾省道教会章程

第一章 总 则

第一条：本会定名为台湾省道教会，以下简称本会。

第二条：本会以研究道学，阐扬教义，提倡人伦，砥砺道德，保全民族文化，增进社会福利为宗旨。

第三条：本会以台湾省行政区域为组织范围。

第四条：本会必要时，得呈经主管官署核准后，于各县市设立分会或联络处，其组织简则另订之。

第五条：本会会址，设于台湾省政府所在地。

第二章 任 务

第六条：本会任务及应办事项如下：

一、遵奉国家法令，提倡道德，改良社会风俗事项。

二、举办道学讲习，培植人才，推行宗教教育事项。

三、兴办救济慈善公益教育文化诸种事业，服务人群，增进社会福利事项。

四、保存道教庙宇名胜古迹，美化道庙环境事项。

五、整理道教经典科仪规例，划一教规仪法事项。

六、设立布教场所，编印书刊，宣扬道教教义事项。

七、办理其他有关道教事项。

第七条：本会举办各项事业之计划章则，须专案呈报主管官署核备。

第三章　会　员

第八条：凡中国年满廿岁以上之道教居士，道院法坛道士，及社会善信，均得由会员二人以上介绍，填具入会申请书，经理事会通过为本会会员，必要时并得分别称为居士道士及信士会员以利会务之推进。

第九条：凡庙府宫观，及以道教神为主神之庙宇团体，均得参加本会为团体会员，填具申请书，经理事会审查合格后，取得团体会员之资格，团体会员得指派代表一人出席本会会员大会，惟无被选举权。

第十条：会员入会后，由本会发给证书、证章，其工本费由会员缴纳之。

第十一条：本会会员退会或开除后，对本会之财产无请求权利，在退会开除前如有欠缴会费仍须一律缴清。

第十二条：本会会员有下列之权利：

一、发言权与表决权。

二、选举权与被选举权。

三、本会举办事业收益之享受。

四、会员或分会间发生纠纷，得请本会解决之。

五、会员举办有关教务之事业，得请本会协助之。

六、道士会员得代人修建科醮。

七、会员得被选为庙宇主持。

第十三条：本会会员有下列之义务：

一、遵守章程决议案，并励行本会宗旨。

二、襄助本会办理一切事务。

三、缴纳常年会费，并酌助本会基金。

第十四条：本会会员如有违犯章程，或其他不法行为者，由理事会决议开除之，团体会员由理事会报请主管官署核办，其情节较轻者，予以警告。

第四章 组织及职权

第十五条：本会以会员大会，或会员代表大会，为最高权力机关。

第十六条：本会设理事会，为执行机关，由会员大会，或会员代表大会选举理事十九人组织之，并设候补理事五人，由理事中互选五人为常务理事，并就常务理事中推选一人为理事长，遵照会员大会或会员代表大会决议案，办理会务。

第十七条：本会设监事会，为监察机关，由会员大会会员代表大会选举监事五人组织之，并设候补监事三人，由监事中互选一人为常务监事，对理事会执行会务负监察之责。

第十八条：本会理事监事，均为名誉职，任期二年，连选得连任。

第十九条：本会理监事，如违犯章程及其他不法行为者，由会员大会或会员代表大会罢免之。

第二十条：本会设名誉理事长一人，名誉理事，及顾问若干人，均为名誉职，赞助会务，道教天师府天师，为名誉理事长，道教居士会各道院主持人，为名誉理事，均由理事会聘请之。

第二十一条：本会理事会以下，设总务组、教导组、管理组、服务组，四组分掌各项事务如下：

一、总务组：掌理会计、庶务、保管等事项。

二、教导组：掌理教育、编辑、宣传等事项。

三、管理组：掌理登记、调查、统计等事项。

四、服务组：掌理救济、福利、调解等事项。

第二十二条：本会设总干事一人，各组设组长一人、干事若干人，组长由理事兼任，总干事、干事，由理事会聘任之，酌给薪金，其标准由理事会就年度预算内议定之。

第二十三条：本会于必要时，得设置各种委员会。

第五章 会 议

第二十四条：会员大会，或会员代表大会，每年召开一次，理事会认为必要，或经会员五分之一，或会员代表三分之一以上请求时，得召开临时会员大会，或临时会员代表大会，选举简则，另订之。

第二十五条：理事会三个月召开一次，监事会每六个月召开一次，必要时，得召开临时会议，或举行理监事联席会议。

第二十六条：会员大会、或会员代表大会召开时，由理事会提出会务报告，并须请主管官署派员指导。

第六章　经　费

第二十七条：本会经费来源如下：

一、入会费。

二、常年会费。

三、乐捐。

前项第一第二两款入会费常年会费，均由理事会议决，呈报主管官署核准行之。

第二十八条：本会办事细则，及各种章则另订之。

第二十九条：本会章程经会员大会，或会员代表大会通过呈报主管官署核准后施行，修改时亦同。

推介中国传统文化主流之一的《道藏》缘启

中国文化，为东方学术思想之主流，此为世界学者所知之事。而中国文化之中坚，实为道家之学术思想，此则往往为人所忽略。盖自秦汉以后，儒道与诸子分家，儒家学术，表现其优越成绩于中国政治社会间者，较为明显。道家学术则每每隐伏于幕后，故人但知儒术有利于治国平天下之大计，而不知道术实操持拨乱反正之机枢。更何况后世之言治术与学术思想者，虽皆"内用黄老，外示儒术"，而故作入主出奴之笔，使人迷惑其源流。复因历代修纂历史学者，与乎明清两代编集群书，如《永乐大典》、《四库全书》等。主持之编纂者，大抵皆极力标榜儒术而偏斥道家。于是冠以经、史、子、集为正统传统文化之经纬，外若道家学术，若不冠以异端偏说之论，即漫存少数于子部之中。虽贤如纪晓岚亦有明言评其内容为"综罗百代，博大精微"之语，要皆囿于传统学者之习见，不敢明扬而推广之，殊为遗憾。因此而使后世学者，不知中国文化主流之一之道家学术思想为何事，仅以老子、庄子、列子等数人学说，即以概道家学术之全体，岂但贻人浅陋之讥，实亦不悉周秦以前儒道本不分家之渊源脉络，与其演变为百家学说之因由，至为可惜。至于清代以后之道家者流，高明之士，大都高蹈远引，不预世务，粗浅之辈，多半孤陋寡闻，师心是用，抱残守缺，自以鸣高，尤堪浩叹。

然以中国往昔历代古人，对于固有文化学术之重视，虽因见仁见智，各有不同，而具有大胸襟，不避世俗讥议，修集道家学术思想为一大藏，仿效印度佛教传入中国以后之整编工作，有明正统万历间，相继纂修，以千字文为次，自天字至群字为汇刻旧藏之目；自英字至缨字，为明人新续之目，总为五千四百八十五卷，即为传世之《正统道藏》正续编。固已将自周秦以前以迄明清为止之五千年来，凡有关于道家学术思想之撰述，真伪精粗，均已一并罗列俱存，使后世之人，欲穷先民学术思想之根源，以及黄帝子孙，欲了然于列祖列宗博大精微之思想者，确已藏集无遗。虽如长炬明灯，自来皆埋光于幽室之间，然终将有时烛照天下，透其五千年来智慧结晶之光辉于无间也。

前人保存护此一文化学术之巨帙，固已历尽艰辛，而后世子孙能加发扬而光大之者，尤当责无旁贷。但自民国初年，由康有为、梁启超师弟为之号召，促成当时大总统徐东海主衔其事，曾经影印北平白云观版之《道藏》及《续藏》全部以外，至今仍如暗室幽灯，隐晦不明。故有心之士，身际此时此地，当此民族文化存亡绝续之秋，宁不见义勇为，为之重新铸版而阐之耶！近年以来，即有自由出版社萧天石先生首倡影印《道藏》精华中有关丹道之古本以来，今有艺文印书馆严一萍先生，独力具此壮志，不计成败利钝，毅然从事重印，岂独为经营而牟利？实亦泣血椎心，有不得不姑作牺牲之怀抱也。何况正当此时，又得侨居海外学者及国际友人等之鼓励，岂可让此中国文化之主流，湮没而不彰乎！

然因世人不知《道藏》之内蕴为何事，往往误以画符念咒，捉妖拿怪之法术，即谓此即为道家与道教之学术思想，卑陋浅薄如原始之巫医而不足道者，诚为可怪。假设《道藏》为一毫无价值之丛书，试想历三千年来我辈之先贤，皆为有目无珠，胸无点墨，而盲然为此者乎？积数千年前人学者之累积，而不经悉心研究阅读，动辄斥为卑陋，恐贻识者有非狂即愚之诮矣！宁不见每当国家板荡之秋，若干命世之才，其匡时救世之韬略兵机，阴阳钩距，纵横捭阖，建功立业而措变乱于安定者，靡不学宗道术，德操中和，重如伊尹、姜尚、张良、孔明，以及刘秉忠、姚广孝、刘基等辈，此皆彰明较著者；他若功成身退，没世而名不称者，比比皆有。至如南面君人之术，无为至治之道，若不知黄老之学，未有成功而不败者。故须略加说明其内容，望吾民族国人与国际人士之有明见者，应当更加珍惜而推广流传之。上则可以对先民及吾列祖列宗在天之灵，下则使我后世人类之子孙，或可由此藏帙中温故而知新，借得启发而光大之，对于人类生存之未来大计，将大有裨益矣。

盖《道藏》中所列诸经，汪洋渊博，只需去其宗教神话色彩之外衣，则可由此了解东方古代文化思想中，对于宇宙形而上之形成万物根元，早已另有发现。此则凡研究东西方哲学与宗教之士，不得不读。

其中有关于天文推步，日月星宿运行之原理与现象，要亦为东方原始天文气象学之渊源。故凡研究天文学说，以及了解印度、阿拉伯与中国天文之沟通者，不得不读。

其中有关于阴阳术数，五行八卦，奇门遁甲等学。故凡研究奇术异能者，此中尤多原始渊府，不得不读。

其中有关于河渎名山，神仙洞府，则为中国三千年前对于地球物理之基本观念。故研究自然科学如地球物理，欲参考先民远见之资料者，不得不读。

其中有关于五金八石，烧铅炼汞，捣药凝丹，则为三千年前人类远祖之化学端绪。故研究药物化学与矿物学者，不得不读。

其中有关于灵芝奇卉，本草仙葩，足以治疗身心寿命。故研究中国医药以及医学与药物发展史者，不得不读。

其中有关于符箓咒术，神通天人之际。故研究三千年前中国音声瑜伽，与印度梵文，以及埃及符箓之关系，与乎催眠术与心灵学者，不得不读。

其中有关于修身养性，志存长生不老之仙道，坎离交媾，姹女婴儿会合，河车旋运，九转丹成等。故研究神仙丹道者，不得不读。

其中有关于堪舆风水，奇门择日，九宫紫白等术。故研究山川地理，与地质学、气象学者，不得不读。

其中有关于日月奔璘,飞腾变化。故研究三千年前中国学术思想之追求太空宇宙,与探寻其他星球之理想者,不得不读。

至若研究周秦以前儒道同根之源头,与欲了解汉魏以下,佛教思想传入中国以后,其与固有儒道学术之沟通踪迹,对于中国文化儒、佛、道三家之汇通者,尤其不可不读。

此皆举其荦荦大者而言,其他如穷究东方神秘世界之玄妙,与乎人类原始神人思想之学术,语多怪异,文多奇诡者,尤其难以尽述。至如文章奇丽,辞藻清新,瑶苑琳台,霞迷云拥,其为想象难闻者,则为道家文学之特质,不待介说可知。今即约略言之如上,可知道家学术思想所形成两汉以后之道教原因,并非无故。盖因秦汉以后,因人文思想独揽社会风气之大权,将此五千年来固有传统之有关于物理世界之学术思想,一概摒弃,故惟如神龙见首而不见其尾,但能附形寄影于宗教外衣之下而建立依存于道教之中,宁非我民族国家文化学术上一大不幸与一大遗憾者乎!是故望天下有心人,应当共同奋起,加以推广,借以保此先民文化,与我国历史传统文化之巨帙,俾使其与四库、佛藏,同辉千古,实为无量功德,岂仅为吹嘘艺文印书馆为文化服务之徵微哉!是为启。

(南怀瑾)

南怀瑾先生著述目录

1. 禅海蠡测　（一九五五）
2. 楞严大义今释　（一九六〇）
3. 楞伽大义今释　（一九六五）
4. 禅与道概论　（一九六八）
5. 维摩精舍丛书　（一九七〇）
6. 静坐修道与长生不老　（一九七三）
7. 禅话　（一九七三）
8. 习禅录影　（一九七六）
9. 论语别裁（上）　（一九七六）
10. 论语别裁（下）　（一九七六）
11. 新旧的一代　（一九七七）
12. 定慧初修　（一九八三）
13. 金粟轩诗词楹联诗话合编　（一九八四）
14. 孟子旁通　（一九八四）
15. 历史的经验　（一九八五）
16. 道家密宗与东方神秘学　（一九八五）
17. 习禅散记　（一九八六）

18. 中国文化泛言（原名"序集"） （一九八六）

19. 一个学佛者的基本信念 （一九八六）

20. 禅观正脉研究 （一九八六）

21. 老子他说 （一九八七）

22. 易经杂说 （一九八七）

23. 中国佛教发展史略述 （一九八七）

24. 中国道教发展史略述 （一九八七）

25. 金粟轩纪年诗初集 （一九八七）

26. 如何修证佛法 （一九八九）

27. 易经系传别讲（上传） （一九九一）

28. 易经系传别讲（下传） （一九九一）

29. 圆觉经略说 （一九九二）

30. 金刚经说什么 （一九九二）

31. 药师经的济世观 （一九九五）

32. 原本大学微言（上） （一九九八）

33. 原本大学微言（下） （一九九八）

34. 现代学佛者修证对话（上） （二〇〇三）

35. 现代学佛者修证对话（下） （二〇〇四）

36. 花雨满天　维摩说法（上下册） （二〇〇五）

37. 庄子諵譁（上下册） （二〇〇六）

38. 南怀瑾与彼得·圣吉 （二〇〇六）

39. 南怀瑾讲演录二〇〇四—二〇〇六 （二〇〇七）

40. 与国际跨领域领导人谈话 （二〇〇七）

41. 人生的起点和终站　（二〇〇七）

42. 答问青壮年参禅者　（二〇〇七）

43. 小言黄帝内经与生命科学　（二〇〇八）

44. 禅与生命的认知初讲　（二〇〇八）

45. 漫谈中国文化　（二〇〇八）

46. 我说参同契（上册）　（二〇〇九）

47. 我说参同契（中册）　（二〇〇九）

48. 我说参同契（下册）　（二〇〇九）

49. 老子他说续集　（二〇〇九）

50. 列子臆说（上册）　（二〇一〇）

51. 列子臆说（中册）　（二〇一〇）

52. 列子臆说（下册）　（二〇一〇）

53. 孟子与公孙丑　（二〇一一）

54. 瑜伽师地论　声闻地讲录（上册）　（二〇一二）

55. 瑜伽师地论　声闻地讲录（下册）　（二〇一二）

56. 廿一世纪初的前言后语（上册）　（二〇一二）

57. 廿一世纪初的前言后语（下册）　（二〇一二）

58. 孟子与离娄　（二〇一二）

59. 孟子与万章　（二〇一二）

60. 宗镜录略讲（卷一至五）　（二〇一三至二〇一五）

61. 禅学讲座（上）　（二〇一七）

62. 禅学讲座（下）　（二〇一七）

图书在版编目(CIP)数据

中国道教发展史略/南怀瑾著述. —上海:复旦大学出版社,
1996.8(2020.1 重印)
ISBN 978-7-309-01705-2

Ⅰ.中… Ⅱ.南… Ⅲ.道教史-中国 Ⅳ.B959.2

中国版本图书馆 CIP 数据核字(2007)第 048922 号

中国道教发展史略
南怀瑾　著述
责任编辑/陈士强

复旦大学出版社有限公司出版发行
上海市国权路 579 号　邮编:200433
网址:fupnet@fudanpress.com　http://www.fudanpress.com
门市零售:86-21-65642857　团体订购:86-21-65118853
外埠邮购:86-21-65109143
上海春秋印刷厂

开本 850×1168　1/32　印张 5.375　字数 93 千
2020 年 1 月第 1 版第 10 次印刷
印数 90 101—95 200

ISBN 978-7-309-01705-2/B·79
定价:14.00 元

如有印装质量问题,请向复旦大学出版社有限公司发行部调换。
版权所有　　侵权必究